BERATEN IN DER ARBEITSWELT

Herausgegeben von
Stefan Busse, Rolf Haubl und Heidi Möller

Stefan Busse/Erhard Tietel

Mit dem Dritten sieht man besser

Triaden und Triangulierung
in der Beratung

Mit 20 Abbildungen

Vandenhoeck & Ruprecht

Bibliografische Information der Deutschen Nationalbibliothek:
Die Deutsche Nationalbibliothek verzeichnet diese Publikation in der
Deutschen Nationalbibliografie; detaillierte bibliografische Daten sind
im Internet über http://dnb.de abrufbar.

© 2018, Vandenhoeck & Ruprecht GmbH & Co. KG,
Theaterstraße 13, D-37073 Göttingen
Alle Rechte vorbehalten. Das Werk und seine Teile sind urheberrechtlich
geschützt. Jede Verwertung in anderen als den gesetzlich zugelassenen Fällen
bedarf der vorherigen schriftlichen Einwilligung des Verlages.

Umschlagabbildung: Aniwhite/shutterstock.com

Satz: SchwabScantechnik, Göttingen
Druck und Bindung: ⊕ Hubert & Co. BuchPartner, Göttingen
Printed in the EU

Vandenhoeck & Ruprecht Verlage | www.vandenhoeck-ruprecht-verlage.com

ISBN 978-3-525-49162-1

Inhalt

Zu dieser Buchreihe 7

Vorwort 9

1 Einleitung 11
   1.1 Das Dritte liegt in der Luft 12
   1.2 Zur Geschichte triadischen Denkens 13

2 Konzeptueller Ausgangspunkt: Mit dem Dritten sieht man besser ... 15
   2.1 Von der Dyade zur Triade 16
   2.2 Drei, vier, fünf … viele 18
   2.3 Von der Triade zur Triangulierung und zum triangulären Raum 19

3 Triadische Wirklichkeiten 32
   3.1 Die drei Ebenen triadischer Realität 32
   3.2 Lebensweltliche Triaden 35
   3.3 Arbeitsweltliche Triaden 42
   3.4 Beraterische Triaden 60

4 Triadisches Arbeiten in der Supervision 74
   4.1 Die supervisorische Thematisierung lebensweltlicher Triaden 75
   4.2 Die supervisorische Thematisierung arbeitsweltlicher Triaden 80
   4.3 Supervision als »triadischer Raum« und die Thematisierung
       der beraterischen Triade 84
   4.4 Supervision als »stellvertretende Triangulierung« und
       Triangulierung höherer Ordnung 87

5 Das »innere Dreieck« und die trianguläre Kompetenz von
   Supervisorinnen und Supervisoren 90

6 Kurzer Epilog: Triangulierung als Erkenntnis und Ethos 101

Literatur 103

Zu dieser Buchreihe

Die Reihe wendet sich an erfahrene Berater/-innen und Personalverantwortliche, die Beratung beauftragen, die Lust haben, scheinbar vertraute Positionen neu zu entdecken, neue Positionen kennenzulernen, und die auch angeregt werden wollen, eigene zu beziehen. Wir denken aber auch an Kolleginnen und Kollegen in der Aus- und Weiterbildung, die neben dem Bedürfnis, sich Beratungsexpertise anzueignen, verfolgen wollen, was in der Community praktisch, theoretisch und diskursiv en vogue ist. Als weitere Zielgruppe haben wir mit dieser Reihe Beratungsforscher/-innen, die den Dialog mit einer theoretisch aufgeklärten Praxis und einer praxisaffinen Theorie verfolgen und mit gestalten wollen, im Blick.

Theoretische wie konzeptuelle Basics als auch aktuelle Trends werden pointiert, kompakt, aber auch kritisch und kontrovers dargestellt und besprochen. Komprimierende Darstellungen »verstreuten« Wissens als auch theoretische wie konzeptuelle Weiterentwicklungen von Beratungsansätzen sollen hier Platz haben. Die Bände wollen auf je rund 90 Seiten den Leserinnen und Lesern die Option eröffnen, sich mit den Themen intensiver vertraut zu machen, als dies bei der Lektüre kleinerer Formate wie Zeitschriftenaufsätzen oder Hand- oder Lehrbuchartikeln möglich ist.

Die Autorinnen und Autoren der Reihe werden Themen bearbeiten, die sie aktuell selbst beschäftigen und umtreiben, die aber auch in der Beratungscommunity Virulenz haben und Aufmerksamkeit finden. So werden die Texte nicht einfach abgehangenes Beratungswissen nochmals offerieren und aufbereiten, sondern sich an den vordersten Linien aktueller und brisanter Themen und Fragestellungen von Beratung in der Arbeitswelt bewegen. Der gemeinsame Fokus liegt dabei auf einer handwerklich fundierten, theoretisch verankerten und gesellschaftlich verantwortlichen Beratung. Die Reihe versteht sich dabei als methoden- und schulenübergreifend, in der nicht einzelne Positionen prämiert werden, sondern zu einem transdisziplinären und interprofessionellen Dialog in der Beratungsszene angeregt wird.

Wir laden Sie als Leserinnen und Leser dazu ein, sich von der Themenauswahl und der kompakten Qualität der Texte für Ihren Arbeitsalltag in den Feldern Supervision, Coaching und Organisationsberatung inspirieren zu lassen.

Stefan Busse, Rolf Haubl und Heidi Möller

Vorwort

Triaden, also Beziehungen zwischen dreien, prägen unser Leben von Anfang an. Nicht nur in der Familie, sondern in allen Organisationen, die unser Leben begleiten: Kindergarten, Schule, Arbeitswelt etc. Wir, die Autoren, gehen davon aus, dass soziale Schieflagen und Konflikte, die Anlässe zur Beratung bilden, aus Störungen in lebens- und arbeitsweltlichen Triaden entspringen. Auch die Beratung selbst kann als das Hinzukommen eines Dritten und als »Arbeit am Dritten« verstanden werden.

Seit seiner Habilitation über »Trianguläre Kulturen in Organisationen« Anfang der 2000er Jahre (Tietel, 2003) und der zeitgleich absolvierten Supervisionsausbildung im Berliner »Triangel-Institut« hat Erhard Tietel den Versuch unternommen, Ansätze triadischen Denkens in der Psychologie, Soziologie sowie in verschiedenen Beratungstraditionen aufzugreifen und für die Supervision fruchtbar zu machen. Ein Resultat hiervon ist die Systematisierung der Figur der Triade und der Dynamiken in Triaden, wie sie im zweiten Kapitel präsentiert werden. Doch erst in der Diskussion und langjährigen Kooperation mit Stefan Busse in der Supervisionsausbildung des »Basta-Instituts« in Leipzig, das Triaden und Triangulierung zu einem expliziten Ausbildungsbaustein gemacht hat, ist eine Konzeption entstanden, die Beratung selbst grundlegend triadisch denkt und konzipiert. Aus der Verknüpfung von beraterischer Erfahrung, Tietels Zettelkasten und Busses Leidenschaft zu konzeptionell-begrifflichem Denken ist eine triadische Grundlegung der Supervision (Beratung) entstanden, die hier erstmals vorgelegt wird.

Diese beginnt mit der Unterscheidung dreier Ebenen triadischer Realität: lebensweltlichen, arbeitsweltlichen und beraterischen Triaden und setzt sich fort in der beraterischen Thematisierung dieser Triaden sowie der Begründung der Beratung selbst als »triadischer Raum«. Überlegungen zur Supervision als »stellvertretender Triangulierung« und zur triangulären Kompetenz von Supervisorinnen und Supervisoren runden dieses triadisch fundierte Beratungskonzept ab. »Mit dem Dritten sieht man besser« verweist auf die beraterische Kunst, Ratsuchenden zu ermöglichen, sich besser in ihren mannigfaltigen »triadischen« Beziehungen im Lebens- und Arbeitsalltag zu orientieren. Hierfür – und das macht Beratung so herausfordernd – müssen Berater auch sich selbst »triangulieren«.

Stefan Busse und Erhard Tietel

1 Einleitung

> »Die Triade ist die erste Gruppe im Leben eines Menschen, Vorläufer aller späteren Gruppen. Die psychische und die soziale Geburt des Menschen gehen Hand in Hand. Was wir Gemeinschaftsgefühl nennen können, wurzelt in der Triade. Es beinhaltet die Fähigkeit, gleichzeitig zu mehreren Personen unterschiedliche Beziehungen haben und alle zusammen als Gemeinschaft wahrnehmen und erleben zu können.«
> (Müller-Pozzi, 1995, S. 129)

Triadisches Denken und Arbeiten gehören zum beraterischen Selbstverständnis, ja zum Kern beraterischer Identität von Supervisorinnen und Supervisoren (Weigand, 1982; Gotthardt-Lorenz, 1994).[1] Der »Dreieckskontrakt« zählt inzwischen zu den Essentials der Supervision, die »ausgewogene Balancierung institutioneller Dreiecke« kann Möller (2000, S. 270) zufolge als »das wichtigste Gütekriterium gelungener Supervision« gelten. So sehr organisationale Dreiecke, triadisches Denken und Triangulierung auch zum Kernbestand beraterischen Arbeitens gehören, so wenig existiert bislang eine Gesamtschau, die die Felder, die Gegenstandsbereiche und die Arbeit von Beraterinnen und Beratern unter dem Aspekt der Triade und der Triangulierung in ein zusammenhängendes, schlüssiges und praxisrelevantes Konzept gießt. Einen solchen Grundriss triadischen Arbeitens in der Supervision (aber auch angrenzender arbeitsweltli-

---

[1] Wir beziehen uns in diesem Buch vor allem auf das Beratungsformat Supervision, weil es hier einen mittlerweile 30-jährigen Diskurs über die Bedeutung von Triaden, Triangulierung sowie triadischem Denken und Arbeiten gibt und die supervisorische Identität in besonderer Weise von der Idee der Triangulierung geprägt ist. Kann Supervision so als Vorreiter triadischen Denkens gelten, hält dieses in den letzten Jahren auf vielfältige Weise auch in andere Beratungsansätze Einzug.

cher Beratungsformate wie Coaching oder Organisationsberatung) legen wir mit diesem Band vor. Damit haben wir weniger eine methodische Anleitung zum triadischen Handeln in Arbeitswelt und Beratung im Sinn, sondern eine konzeptionelle Grundlegung triadischen Arbeitens selbst.

1.1 Das Dritte liegt in der Luft

Triadisches Denken wird in den letzten Jahrzehnten weit über das Feld der Beratung hinaus zu einer zentralen gesellschaftlichen Herausforderung, was wesentlich mit dem Wandel der Moderne zur sogenannten »reflexiven Moderne« zu tun hat. Ulrich Beck und Kollegen gehen davon aus, dass im Übergang zur »reflexiven Moderne« die »Institutionen fortgeschrittener westlicher Gesellschaften vor der Herausforderung [stehen], eine neue Handlungs- und Entscheidungslogik zu entwickeln, die nicht mehr dem Prinzip des ›Entweder-oder‹, sondern dem des ›Sowohl-als-auch‹ folgt« (Beck, Bonß u. Lau, 2004, S. 16). In den gesellschaftlichen Bereichen, die im Fokus des vorliegenden Buchs stehen – Lebenswelt, Arbeitswelt und Beratung – wird zunehmend deutlich, dass wir es mit einer Pluralität von Familien-, Lebens- und Arbeitsformen zu tun haben, in denen die traditionellen Normen und Rollensysteme kaum noch greifen und immer mehr Aspekte menschlichen Lebens der interpersonellen Aushandlung, der Kommunikation und Koordination zwischen Personen und Gruppen aufgebürdet werden. Menschen müssen lernen, *triadisch* zu verstehen und *triangulär* zu handeln, sie sind aufgefordert, sowohl *in* sich als auch *zwischen* sich dem Sog der Spaltung und Vereinfachung zu widerstehen und immer wieder neu um eine trianguläre Balance zu ringen. Stellt man sich den Herausforderungen des triadischen Denkens – mit Pluralisierungen und Ambivalenzen reflexiv umzugehen – nicht, gerät man in die Fänge der Vereinfachung, des Fundamentalismus, Nationalismus, Populismus und Autoritarismus. Die alte Logik des Dualismus (entweder – oder, gut – böse, Freund – Feind, ihr –

wir ...) feiert hier ihre Wiederauferstehung – zum Leidwesen von Demokratie und Humanität.

1.2 Zur Geschichte triadischen Denkens

Die Einsicht in die zugleich *öffnende* wie *strukturierende* Bedeutung der Triade reicht bis in die Frühzeit soziologischen, psychoanalytischen und systemischen Denkens zurück. Wegbereiter soziologischen Verständnisses triadischer Verhältnisse ist Georg Simmel, der in seiner im Jahr 1908 erschienenen »Soziologie« eine differenzierte Analyse triadischer Verhältnisse vorgelegt hat, die u. a. Grundideen der Mediation vorwegnimmt. Entlang der Doppelfunktion des Dritten, sowohl zu *verbinden* als auch zu *trennen,* analysiert Simmel die »Einigungsformen« des Vermittlers, des Unparteiischen und des Schiedsrichters sowie die »Trennungsformen« des »lachenden Dritten« (»Wenn zwei sich streiten, freut sich der Dritte«) und des »Teile und Herrsche« (Simmel, 1908/1992; Tietel, 2003).

Doch nicht nur die soziale Ordnung trägt triadische Züge, auch die entwickelten Formen des menschlichen Seelenlebens erfordern eine triadische Struktur, die im konflikthaften Durchlaufen und Auflösen des Ödipuskomplexes (Freud, 1923/1987) erworben wird. Melanie Klein (1928/1991) entdeckte, dass die ödipale Triade vielfältige Vorläufer in der frühen Triangulierung besitzt. Der Begriff »Triangulierung« wurde in den 1970er Jahren durch Abelin (1971) im Gefolge der Zuwendung zum Vater als triangulierendem Dritten in der »Mutter-Kind-Symbiose« zu einem festen Bestandteil des psychoanalytischen Denkens. Die Formulierung eines »triangulären Raumes« durch Britton (1989) kann als weiterer Meilenstein angesehen werden.

Auch im Umfeld systemischer Ansätze gibt es eine eindrucksvolle Tradition der Thematisierung triadischer Verhältnisse. Kerr und Bowen (1988; eigene Übers.) zufolge ist »die kleinste emotionale Einheit« die Triade. Und wie die Psychoanalyse davon ausgeht, dass »nur wenige Entwicklungsschritte so anspruchsvoll für die seelischen Funktionen [sind] wie das Voranschreiten von einer Zweier- zu einer Dreierbeziehung« (Fonagy, 1998, S. 141), sieht man auch in der systemischen Familientherapie »die Triade […] als eine in der Menschheitsentwicklung bisher kaum bewältigte soziale Situation« an (Bosch, 1983, S. 30). So schreibt denn auch Virginia Satir (1973, S. 74): »Meiner Meinung nach ist nichts schwieriger als die Beziehung zwischen drei Menschen.« Aus dem systemischen Kontext zu nennen ist noch Haleys (1980) Konzeption »perverser« Dreiecke, das von Selvini-Palazzoli et al. (1978) in der Analyse von Allianzen und Koalitionen in Organisationen aufgegriffen wurde. Bündnisse, Koalitionsbildungen und vor allem die sogenannte »Triangulation« sind zentrale Konzepte bei Minuchin, Rosman und Baker (1991) zu psychosomatischen Krankheiten in der Familie und im familientherapeutischen Ansatz Satirs (1973, 2002). Die begriffliche Nähe von »Triangulierung« und »Triangulation« hat im beraterischen Diskurs zu viel Verwirrung geführt, bezeichnet *Triangulierung* in psychoanalytischer Perspektive doch einen höchst anspruchsvollen Entwicklungsschritt und bedeutet *Triangulation* bei Minuchin et al. (1991) die Verstrickung eines Kindes in die konflikthafte elterliche Beziehung, sodass es nicht umhin kommt, für den einen oder anderen Elternteil Partei zu ergreifen und auf diese Weise in Loyalitätskonflikte verstrickt oder zum Sündenbock gemacht wird.

2 Konzeptueller Ausgangspunkt: Mit dem Dritten sieht man besser ...

Triadisches Denken bzw. eine triadische Epistemologie versteht sich zunächst einmal als Ergänzung und Alternative zur zweiwertigen Logik des Denkens »mit ›Ja/Nein‹-Entscheidungen« (Giesecke, 2007, S. 273–279). Der »triadische Blick« auf soziale Zusammenhänge differenziert und vervielfältigt die Wahrnehmung von sozialen Phänomenen, wenn anstelle von dyadischen Beziehungen triadische Konstellationen identifizierbar werden. So erschließt sich die Dynamik im System Schule differenzierter, wenn man nicht allein auf Lehrer-Schüler- oder Lehrer-Eltern-Interaktionen fokussiert, sondern das Dreiecksverhältnis zwischen Lehrer, Schüler und Eltern untersucht. Zugleich begrenzt triadisches Denken die Komplexität: Wenn man eine mehrdimensionale und komplexe Dynamik (beispielsweise ein Netzwerk) auf eine zentrale Dreiecksstruktur bzw. auf eine Reihe relevanter Dreiecke reduziert, wird diese überschaubarer und angemessener analysierbar.

So ist das Dreieck Lehrer-Schüler-Eltern natürlich nur ein Ausschnitt aus einem Netzwerk mit vielen weiteren Akteuren, dessen komplexe Dynamik weder überschaubar noch präzise fassbar ist. Löst man jedoch methodisch die Komplexität eines sozialen Systems in seine Dreiecksbeziehungen auf (Eltern-Eltern-Lehrer, Schüler-Schüler-Lehrer, Eltern-Elternsprecher-Schulleitung, Lehrer-Schulleitung-Schulaufsicht etc.) und findet man heraus, welche Dreiecke für das Problem (oder den Konflikt), das zur Klärung ansteht, relevant sind, dann kommt man einem Verständnis näher (Hessisches Kultusministerium, 2013). Denn nun kann man gezielt die emotionale und soziale Dynamik in den betreffenden Dreiecken untersuchen und einer Klärung oder Lösung näherbringen.

Wenn wir, so Buchholz (1993, S. 8), »auf etwas aus wenigstens drei Blickpunkten schauen […], können wir einigermaßen sicher sein, dass wir einen Zipfel der Wirklichkeit erwischt haben«. Wenn sich so die Welt auch nicht in Dreiecke aufzulösen vermag, so gehen wir hier jedoch davon aus: Mit dem Dritten sieht man besser … Bis sich das genauer erschließt, müssen wir zunächst eine Reihe triadischer Grundbegriffe und -konstellationen skizzieren.

2.1 Von der Dyade zur Triade

In welcher Weise triadisches Denken nicht nur zu einer kognitiven Reduktion von Komplexität, sondern gegenüber dem zweiwertigen Denken zunächst einmal zu einer erheblichen Differenzierung führt, erschließt sich, wenn man dem figurativen Unterschied zwischen einer Dyade und einer Triade nachgeht. Die Dyade besteht aus zwei Elementen (z. B. Personen), zwischen denen *eine* Beziehung besteht (siehe Abbildung 1).

In der Dyade bestehen zwei Bewegungsmöglichkeiten:
- Entweder aufeinander zu bis zur potenziellen Verschmelzung, wodurch sie in eine symbiotische Einheit mündet (psychoanalytisch gesehen: die Rückkehr in das intrauterine Paradies der Ungetrenntheit).
- Die andere Bewegungsmöglichkeit ist die zentripetale, die Bewegung voneinander weg, bis die Entfernung so groß wird, dass die Beziehung abreißt und zwei Monaden (z. B. zwei getrennte Personen) ihrer Wege gehen.

Abbildung 1: Einfache Dyade zwischen zwei Personen

Paarbeziehungen sind häufig mit dem Ringen um eine Balance zwischen Nähe und Distanz beschäftigt, dem Oszillieren zwischen der Tendenz zur Verschmelzung und der (Gegen-)Tendenz zu Unabhängigkeit und Autonomie. Der Wunsch nach Verschmelzung weckt Angst vor Abhängigkeit und Ich-Verlust, und der Wunsch nach Unabhängigkeit weckt Trennungs- und Einsamkeitsängste.

In der Triade haben wir es nun mit einer enormen Vervielfältigung der Beziehungen zu tun (siehe Abbildung 2). Zwar kommt gegenüber der Dyade nur ein Element (z. B. eine Person) hinzu, aus einer Beziehungslinie werden aber unversehens *vier* Beziehungen: die drei Dyaden (A–B, A–C und B–C) sowie die Beziehung aller drei zusammen (also A–B–C).

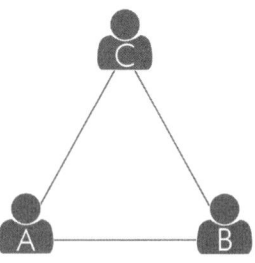

Abbildung 2: Triade zwischen drei Elementen (Personen)

Alles, was für die Dyade gilt, gilt auch für die dyadischen Beziehungen in einer Triade, erweitert um die Konstellationen, die (mindestens) drei Akteure/Personen voraussetzen. So gibt es in der Triade die Möglichkeit zu *unmittelbaren* bzw. *Teilhabe*-Beziehungen (jedes Mitglied einer Triade hat an zwei Beziehungen unmittelbar teil) und *mittelbaren* oder »*Umweg*-Beziehungen« (z. B. zwischen A und C, wenn A zwar eine unmittelbare Beziehung zu B, aber nur über diesen auch eine – mittelbare – Beziehung zu C hat). In einer Triade kann es ausgewogene Beziehungen zwischen allen dreien geben, aber auch den Wunsch nach einer »*exklusiven*« Beziehung (Nur du und ich – wir brauchen den anderen nicht) oder zumindest nach einer »*privilegierten*« Beziehung (Wenn ich schon nicht der/die Einzige sein kann, will ich wenigstens der/die Wichtigste sein). Eifersuchtsgefühle, Rivalität und Neid können aufkommen, wenn meine »beste Freundin« ihrerseits – und sei es nur in meiner Fantasie – eine andere beste Freundin hat. All diese Beziehungsfiguren setzen mindestens drei Personen voraus. Weiterhin kann in einer Triade der Dritte wichtige Funktionen für die je anderen übernehmen: Er kann als Bote Nachrichten überbringen, er kann vermitteln oder schiedsrichten, um einen Zusammenhalt zu stiften, oder übersetzen, um zwischen zweien Verständnis zu erzeugen. Er kann aber auch als Störenfried auftreten, als Rivale Grund für Eifersucht abgeben, als Intrigant den Dritten heimlich verunglimpfen, er kann Zank zwischen zweien säen, um selbst zu ernten oder die Feindseligkeit zwischen zweien nutzen, um selbst zu herrschen (Teile und herrsche!). All diese Phänomene sind per se triadisch, sie lassen sich ohne einen Dritten nicht realisieren.

Soweit ein paar Schlaglichter auf die Phänomenologie des Dritten (Bedorf, Fischer u. Lindemann, 2010; Esslinger, Schlechtriemen, Schweitzer u. Zons, 2010).

2.2 Drei, vier, fünf ... viele

Alle Dynamiken, die wir in der Folge für Dreieckskonstellationen bzw. für Triaden beschreiben, gelten auch für Vierer-, Fünfer- etc. Konstellationen. Der entscheidende Schritt ist der von der Dyade zur Triade. Mit dem Übergang zur Triade öffnen sich die Konstellationen der sozialen und die Dynamiken der psychischen Welt. Die »Drei« ist also die *Mindest*zahl für die in der Folge beschriebenen triadischen Phänomene. Mehrpolige Konstellationen bzw. Vielecke lassen sich recht gut als Kombinationen dyadischer und triadischer Dynamiken beschreiben. Natürlich fügt jede weitere Einheit neue Möglichkeiten hinzu. So gibt es im Viereck vier Triaden sowie die Möglichkeit zu mehreren Koalitionen. Dies fächert jedoch nur die *numerische* Anzahl von dyadischen und triadischen Beziehungen auf, fügt jedoch den im Folgenden beschriebenen Dynamiken in Triaden kaum neue Qualitäten hinzu.

Wichtiger als die quantitative Dimension sind zwei andere Aspekte:
- Erstens geht es unter dem triadischen Gesichtspunkt in sozialen Vielecken bzw. Netzwerken darum, jeweils die *primären Dreiecke* zu identifizieren und deren Dynamik zu analysieren, die für das zu lösende Problem oder den zu klärenden Konflikt zentral sind.

– Zweitens geht es über die triadischen Konstellationen hinaus wesentlich um eine bestimmte *Qualität* von Beziehung, die wir »triangulär« nennen. Selbst wenn sich »Triangularität« lebensgeschichtlich in einem triadischen Beziehungsgeschehen entwickelt, ist der wesentliche Aspekt jedoch, dass daraus eine *psychische Struktur* wird, die – unabhängig von der Anzahl der Beteiligten – als *Qualität* des Wahrnehmens, Fühlens, Denkens und Handelns in lebens- wie arbeitsweltlichen Beziehungen zur Verfügung steht.

2.3 Von der Triade zur Triangulierung und zum triangulären Raum

Im Folgenden soll nun Schritt für Schritt die *Figur der Triade* entwickelt werden. Dies erfolgt noch ohne systematischen Bezug auf Lebenswelt, Arbeitswelt und Supervision, die Gegenstand des darauf folgenden Kapitels sind. Die Explikation der Triade als Triade ist insofern unumgänglich, als sie ein grundlegendes Verständnis für Strukturen und Dynamiken in Triaden schafft, auf die wir uns im Folgenden beziehen werden (ausführlicher siehe Tietel, 2003, 2006).

Koalitionsbildung als eingeschränkte Triade

Beginnen wir mit einer Konstellation, die bei den soziologischen und psychologischen Thematisierungen von Triaden im Mittelpunkt steht: die Koalitionsbildung. Koalitionsbildungen markieren in Dreiecksverhältnissen die am häufigsten anzutreffende Möglichkeit, mit Perspektiven- und Interessenunterschieden zwischen dreien in einer Weise umzugehen, dass sich die Gewichte zugunsten von zweien verschieben. Koalitionen sind Bündnisse zur Stärkung der beiderseitigen Position gegenüber einem Dritten, der sich nun nicht mehr zwei selbstständigen und unabhängigen Akteuren gegenübersieht, sondern einem temporär vereinigten Koalitionspaar (siehe Abbildung 3).

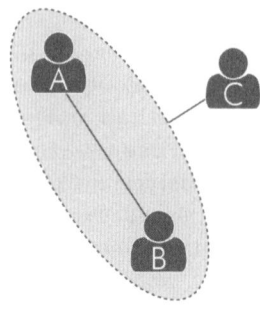

Abbildung 3: Koalitionsbildung unter Ausschluss eines Dritten

Sofsky und Paris (1994, S. 249) spüren den vielschichtigen Möglichkeiten des Koalitionsspiels nach: Damit der Dritte »sich nicht auf die Gegenseite schlägt, muss man ihn mit Angeboten ködern. Man wirbt um ihn, sucht nach Gemeinsamkeiten, verhandelt über die Bedingungen einer Koalition. Gleichzeitig setzt man alles daran, den Rivalen auszustechen, man denunziert ihn, bringt ihn in Misskredit, sucht ihn in die Isolation abzudrängen. Die Triade fächert die taktischen Aktionen auf. Mit dem Dritten sucht man die Zusammenarbeit, gegen den Zweiten geht der Kampf weiter.« Offene oder verdeckte Koalitionsbildungen spielen in Organisationen auf allen Ebenen eine Rolle und die Organisationstheorie weist sie als eine zentrale mikropolitische Aktivität aus.

Während soziologische Analysen Fragen der Machtverteilung in Koalitionen analysieren, beschäftigen sich psychodynamische Ansätze mit dem emotionalen Erleben und der Beziehungsgestaltung. Wegbereitend ist hier der Ansatz von Thea Bauriedl (1994, 1998), die die triadische Problematik wie folgt beschreibt: Von drei Personen schließen sich zwei zusammen, der oder die Dritte wird ausgeschlossen. Der Bündnispartner stärkt jedoch nicht einfach die eigene Position, er kann auf einer latenten Ebene als fordernd, festhaltend oder gar erpressend erfahren werden, wohingegen der ausgeschlossene Dritte als bedrohlicher Gegner oder Feind erlebt wird, von dem potenziell Gegenschläge drohen. »Diese Situation wird noch komplizierter dadurch, dass nicht nur jede der drei Personen der oder die Ausgestoßene sein kann und dagegen kämpft, ausgestoßen zu werden, sondern dass gleichzeitig jede der drei Beziehungen im Dreieck hoch ambivalent ist. Auf einer tieferen Ebene ist nämlich […] der ›Feind‹ immer auch ein potenzieller Bündnispartner gegen den derzeitigen

Bündnispartner« (Bauriedl, 1998, S. 133). Koalitionen können also als Beziehungsstruktur angesehen werden, die in alle Richtungen von untergründigen Ambivalenzen durchzogen ist.

Koalitionsbildungen führen in der Konsequenz dazu, dass das Dreieck in eine Dyade zerfällt: der Dyade zwischen dem koalierenden Paar auf der einen und dem (ausgeschlossenen) Dritten auf der anderen Seite.

Klatsch als heimliche Koalitionsbildung

Ein exquisit triadisches Feld ist der Klatsch. Man kann ihn als situative heimliche Koalitionsbildung bezeichnen. Der Klatsch ist deshalb triadisch, weil es zu seinem Zustandekommen neben dem, der klatscht (dem Klatschproduzenten), nicht nur des Klatschopfers bedarf, sondern auch des Klatschrezipienten, also desjenigen, der sich für den Klatsch interessiert bzw. die Bereitschaft hat, sich ihn anzuhören. Bergmann (1987) spricht deshalb von der »Klatschtriade«. Zwar geht der Klatsch zunächst einmal von einem Klatschproduzenten aus, der sein intimes Wissen von den persönlichen Angelegenheiten eines anderen an Dritte übermittelt. Die Position des Hörers sollte jedoch keineswegs unterschätzt werden, denn erst dessen Bereitschaft, zuzuhören, realisiert den Klatsch. Er wird zum Mitwisser und seinerseits oft zum Klatschproduzenten, da sich bekanntlich nichts so schnell verbreitet, wie das, was hinter vorgehaltener Hand erzählt wird.

Nicht selten wird über abwesende Dritte hergezogen, um Spannungen zwischen den Klatschenden zu überspielen. Abwesende Dritte können, ohne Konsequenzen befürchten zu müssen, kritisiert, herabgesetzt und beschuldigt werden, während sich die Anwesenden in (gespielter) Harmonie sonnen. Der abwesende Dritte fungiert so als Mittel, durch das die Anwesenden ihre eigene Ambivalenz untereinander organisieren, sich also vor wechselseitiger Kritik schützen und dennoch im Klatsch einen Ort für ihre negativen Gefühle finden. Diagnostisch kann man das umdrehen und sich fragen, was die ausgeprägte Tendenz des Schlechtredens abwesender Dritter über die wahre Beziehung derer aussagt, die sich darin gefallen.

> Vom Klatsch führt eine mehr oder weniger direkte Linie zum Mobbing und zu weiteren Formen des sozialen Ausschlusses. Aus der *nicht anwesenden* Person wird so schnell die *Nicht-Person* bzw. gar die *Unperson*.

Wir gehen nun der Frage nach, welche triadischen Verhältnisse jenseits offener oder heimlicher Koalitionsbildungen vorstellbar sind.

Die Fähigkeit, »den Winkel zu halten«

Das »Jenseits der Koalition« beginnt da, wo ein Akteur gewillt und in der Lage ist, gleichzeitig mit zwei eigenständigen oder gar auseinanderstrebenden Parteien gute Beziehungen zu unterhalten. Der Akteur im Schnittpunkt dieser beiden Beziehungen benötigt hierfür das Vermögen, zu zwei bedeutungsvollen anderen *gleichzeitig* Beziehungen zu unterhalten, d. h. diese Beziehungen in wechselseitigem Dialog und ohne Ausschluss eines der beiden Akteure auszubalancieren (siehe Abbildung 4). Bauriedl (1994, S. 235 f.) spricht hier von der eigenen Beweglichkeit, die einen Akteur befähigt, im Kontakt mit den anderen Akteuren – sowohl im sozialen Raum als auch im eigenen psychischen Binnenraum – »*den Winkel zu halten«*, eine Metapher, die in der Supervision von Harald Pühl (1997) aufgegriffen wurde.

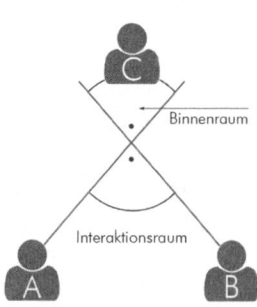

Abbildung 4: Die Fähigkeit, »den Winkel zu halten«

Die Schließung der Triade

Die Vorstellung des »Winkel-Haltens« beschreibt die Beziehungen von einem sich im Schnittpunkt zweier Linien des Dreiecks befindlichen Akteur zu den beiden anderen Protagonisten. Sie umfasst damit zwei der drei möglichen Linien im Dreieck (also zwei der drei Dyaden), indes noch nicht das Dreieck als geschlossene Figur. Erst das Hinzukommen der dritten Linie vervollständigt und schließt die Triade (siehe Abbildung 5).

Die Schließung der Triade – dies mag zunächst trivial erscheinen – ist an die Erkenntnis gebunden, dass nicht nur ich eine Beziehung zu den beiden anderen unterhalte, sondern diese ebenfalls eine Beziehung zueinander haben. Lebensgeschichtlich ist dies im psychischen Reifungsprozess des Kindes ein außerordentlich bedeutsamer Schritt: Die Erkenntnis, dass Mutter und Vater nicht allein für mich da sind, nicht nur mir liebevoll zugewandt sind (Eltern kennen dieses Phänomen gut, wie sich kleine Kinder im Mittelpunkt des familiären Kosmos sonnen), sondern auch *zueinander* eine Beziehung haben. Obendrein eine Beziehung, die Aspekte (wie Sexualität und Generativität) umfasst, in die das Kind aus guten Gründen nicht einbezogen ist. Die emotionale Anerkennung des Generationenunterschieds wird in der Regel von heftigen Wut- und Eifersuchtsgefühlen begleitet. Diese Thematik steht im Zentrum des ödipalen Konfliktes.

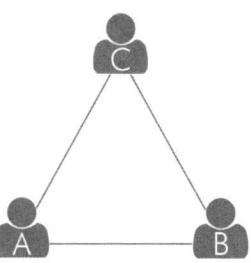

Abbildung 5: Die geschlossene Triade

Die trianguläre Struktur der Persönlichkeit als Resultat einer gelungenen psychischen Entwicklung

Bekommt ein Paar ein Kind, erweitert sich nicht nur die Dyade zu einer Triade, aus Frau und Mann werden Mutter und Vater, und beide Elternteile haben künftig nicht nur die Aufgabe, sich ihrem Kind auf möglichst liebevolle und entwicklungsförderliche Weise zuzuwenden, sondern zudem die Herausforderung, die Verdopplung ihrer Rolle (Frau *und* Mutter – Mann *und* Vater) jeweils in sich und miteinander zu balancieren und zu gestalten.

Das Kind wiederum kommt von Anfang an in eine Welt, die immer schon von den bewussten und unbewussten Hoffnungen und Wünschen, Erwartungen und Befürchtungen der Eltern vorbereitet und »bestellt« ist: Ist es ein Mädchen oder ein Junge? Welcher Name wird ihm gegeben? Wird es getauft und damit Teil einer religiösen Tradition? Wie ist das Kinderzimmer gestaltet und welche je kulturell geprägten Pflege- und Erziehungsvorstellungen sowie damit einhergehenden Rituale haben die Eltern etc.?

Was bedeutet es für die »neugebackenen« Eltern ihren eigenen Eltern gegenüber, nun ihrerseits Vater und Mutter geworden zu sein und diese damit zu Oma und Opa gemacht zu haben? Wie verändert es ihre Rolle und Position im Familienverbund gegenüber ihren Geschwistern etc.?

Doch auch die Arbeitswelt spielt eine Rolle: Die Eltern haben ihr Leben auf das Kind eingestellt, ein Elternteil (oder beide Elternteile) steigt (steigen) vorübergehend aus dem Arbeitsprozess aus und nimmt (nehmen) möglicherweise einen »Knick« in der eigenen beruflichen Karriere in Kauf sowie die Unsicherheit, wie es nachher beruflich weitergehen wird. All dies wiederum hängt nicht zuletzt von betrieblichen und gesellschaftlichen Regelungen der Familienzeit, dem Angebot zur Kinderbetreuung, von finanziellen Unterstützungen und steuerlichen Entlastungen für junge Familien etc. ab.

Der Beginn des Lebens ist also umfassend familial, institutionell, gesellschaftlich und organisational eingebettet. Das psychische und soziale Leben des Kindes beginnt also nicht bei »null«: Bevor das Kind sein Selbst und seine Identität entwickelt, ist es zunächst und zuallererst das, was es in der familialen Triade (und generell in der Gemeinschaft und Gesellschaft) *für die anderen ist.*

Eine zentrale Rolle für die Entwicklung des Säuglings spielt zudem die psychische Struktur der Eltern: Die empirische Säuglingsforschung konnte zeigen, dass die (vor der Geburt erhobene) »triadische Kompetenz« der Eltern nicht nur einen großen Einfluss darauf hat, wie gut die Triangulierung innerhalb der Familie gelingt, sondern auch darauf, wie triangulär sich die psychische Innenwelt des Kindes entwickelt (Klitzing u. Stadelmann, 2011).

Die psychische Entwicklung des Kindes in der familialen Triade auf dem Weg zu einer triangulären Persönlichkeitsstruktur kann hier nicht umfassend dargestellt werden (siehe hierzu Grieser, 2015; Müller-Pozzi, 1995). Eine zentrale Etappe hierbei ist die gemeinsame Bewältigung dessen, was die Psychoanalyse »Ödipuskomplex« nennt. Im Gegensatz zu trivialisierenden Vorstellungen wird der Ödipuskomplex in der Psychoanalyse als ein hochkomplexes Geschehen gefasst, das »nicht nur die Gesamtheit der kindlichen Liebes-, Hass- und Schuldgefühle gegenüber den Eltern« umfasst; er wird auch begriffen als »das Resultat interpersoneller und familiendynamischer Vorgänge, die sich zwischen Eltern und Kind ereignen und die aus der Sicht des Kindes das Aushandeln der Generationengrenze, die Anerkennung der elterlichen Sexualität bei gleichzeitigem Abtrauern der erotischen sinnlichen Bindungen an die Eltern, die Durcharbeitung aggressiv rivalisierender und narzisstisch ödipaler Ansprüche, aber auch immer wieder die Frage nach dem eigenen Ursprung (Urszene) und der Zeit davor, betreffen« (Mertens, 2000, S. 514).

Im Ausgang des Ödipuskomplexes hat das Kind bei gelingender Entwicklung seine »affektiv besetzten Beziehungserfahrungen mit beiden Eltern dahingehend verinnerlicht, dass es über eine relativ stabile triadische Beziehungsrepräsentanz i. S. einer intrapsychischen Struktur« (Rotmann, 1978) verfügt. Damit wird im familialen Dreieckssystem eine »reife« Balance möglich. Diese ist dann gegeben, wenn

1. »die drei Pole der Struktur klar voneinander differenziert sind (d. h. Vater, Mutter und Kind müssen sich als voneinander getrennte Individuen wahrnehmen und erleben),
2. zwischen allen drei Polen […] reziproke Beziehungen bestehen,
3. alle drei Beteiligten diese Situation billigen,
4. alle drei Relationen des Dreiecks überwiegend positiv getönt sind oder doch zu diesem Zustand hin tendieren, und
5. jeder der drei Relationen bei allen Beteiligten mental repräsentiert ist« (Rohde-Dachser, 1987, S. 780 f.).

Nicht nur in der psychischen Entwicklung, auch in lebensweltlichen, arbeits- und organisationsbezogenen sowie beraterischen Kontexten stellt die Anerkennung triadischer Relationen, also die Tatsache, dass diejenigen, zu denen ich eine Beziehung habe, *ihrerseits* eine Verbindung zueinander haben, hohe sozio-emotionale Anforderungen. Sie erfordert nämlich anzuerkennen, dass es in meinem unmittelbaren Beziehungsgeflecht Beziehungen gibt – und dies ist der entscheidende Aspekt –, aus denen ich *prinzipiell ausgeschlossen* bin. Dies kann nicht nur zu schmerzlichen Ausgeschlossenheitsgefühlen führen, sondern rührt an eine fundamentale Angst, die Pühl (1996, S. 41) »triadische Grundangst« genannt hat und die einen das ganze Leben hindurch im privaten wie im beruflichen Leben begleitet.

Die Triade als Geburtsstunde des »Sowohl-als-auch«

Die Ausschlussposition in der vollständigen Triade ist von grundlegend anderer Art als der Ausschluss aus einer Koalition. Bleibt der Dritte im Falle der Koalitionsbildung gänzlich außen vor, stellt sich die Situation bei der vollständigen Triade für *jeden* Akteur so dar, dass er *sowohl* zu den beiden anderen eine Beziehung hat *als auch* eine Beziehung existiert, aus der er ausgeschlossen ist. Für die entfaltete Dreieckstruktur gilt *für alle drei Beteiligten,* dass die jeweils anderen einem *sowohl* zugewandt *als auch* gleichzeitig von einem getrennt sind. In der entfalteten Triade löst also die höchst anspruchsvolle Beziehungsstruktur »Beziehung *und* Ausschluss« die für die Koalitionsbeziehung charakteristische Struktur »Beziehung *oder* Ausschluss« ab. Die Dynamik in triadischen Beziehungen hängt maßgeblich davon ab, wie alle Akteure ihren je spezifischen Ausschluss erleben und mit diesem *in sich* und in *ihren gelebten Beziehungen* umzugehen in der Lage sind.

Die Entstehung von Reflexivität in der Triade

Mit der Schließung der Triade kommt nicht bloß eine weitere *Beziehung* dazu, es konstituiert sich auch eine neue Beziehungs*form:*

der *Bezug auf eine Beziehung* oder – einfacher ausgedrückt – die Beobachtungsbeziehung. Genau betrachtet stellt bereits die Koalitionsvariante einen Bezug auf eine Beziehung – eine Beobachtungsbeziehung – dar, dort jedoch aus der Perspektive der Ausgeschlossenheit auf die Verbindung der beiden Koalierenden. Der Bezug auf eine Beziehung bei gleichzeitigem Bestehen einer Beziehung zu den beiden, auf deren Beziehung man sich bezieht, stellt als *»eingeschlossene«* Position im Dreieck eine gänzlich andere Struktur dar: Jede Person ist Teil zweier Teilhabebeziehungen und zugleich im Hinblick auf die Beziehung der beiden anderen zueinander in einer Beobachtungsbeziehung (Haubl, 2005; siehe Abbildung 6).

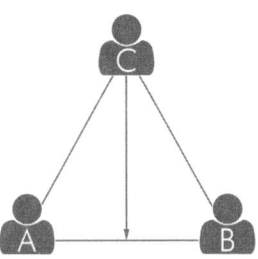

Abbildung 6: Beobachterposition auf eine Beziehung

Aus der »dritten Position«, der Beobachtungsposition, kann man nun nicht nur die Beziehung der beiden anderen zueinander beobachten, man kommt selbst in die Position des Beobachteten und kann sich auch selbst vorstellen, in seinen Teilhabebeziehungen vom jeweils Dritten beobachtet zu werden. Britton (1989, S. 87; eigene Übers.) zufolge können wir in dieser entfalteten triangulären Konstellation die Fähigkeit entwickeln, »uns selbst in der Interaktion mit anderen zuzusehen, einen anderen Blickwinkel einzunehmen, ohne den eigenen aufzugeben, über uns selbst nachzudenken und dennoch ›wir selbst‹ zu bleiben.« Das Einnehmenkönnen der dritten Position, der Beobachtungsperspektive *innerhalb* der Triade, entwickelt lebensgeschichtlich die Fähigkeit zur reflexiven Selbstbezüglichkeit und zum selbstreflexiven Handeln. Reflexivität entspringt damit genetisch nicht allein aus der dialogischen Struktur mit dem anderen respektive aus der dialogischen Spiegelung des anderen im eigenen Ego, sondern ebenso aus der Einnahme einer dritten Position im Blick auf mich und den anderen.

Die entwicklungspsychologische Entstehung von Reflexivität

Wenn das Kind wahrnimmt, dass die Eltern nicht nur ihm zugewandt sind, sondern auch zueinander eine bedeutungsvolle Beziehung haben, aus der es ausgeschlossen bleibt, beginnt es auch zu realisieren, dass der Vater nicht nur ein ihm und der Mutter zugewandter Teilnehmer der familialen Triade ist, sondern die Beziehung zwischen ihm und der Mutter beobachtet und emotional darauf reagiert. In gleicher Weise realisiert das Kind, dass die Mutter hinsichtlich seiner Beziehung zum Vater in einer Beobachtungsbeziehung ist. Dadurch gewinnt das Kind eine reflexive Perspektive auf seine eigenen Beziehungen, es kann sich mit der Position der Mutter *und* des Vaters identifizieren und sozusagen »mit deren Augen« auf sich und auf seine Beziehungen blicken (Buchholz, 1990).

Dass dies nicht nur einen kognitiven Fortschritt darstellt, sondern vor allem auch einen emotionalen Entwicklungsschritt, haben wir anhand des Ödipuskomplexes beschrieben. Von hier aus ergeben sich Bezüge zu einer mentalisierungstheoretischen Perspektive der Genese von Reflexivität respektive von Mentalisierungsfähigkeit beim Kind. Diese ist an die adäquate Affektspiegelung durch die Bindungspersonen geknüpft, indem der gespiegelte Affekt »markiert« wird (etwa durch eine beschwichtigende Geste der Mutter). Damit ist er nicht einfach ein Affekt des Kindes (als Eins-zu-eins-Spiegelung) oder ein fremder Affekt der Mutter, sondern in gewissem Sinne ein im *dritten* Modus »markierter Affekt«. Dadurch entwickelt sich die Fähigkeit im Kind, eigene von fremden Zuständen anderer unterscheiden zu können und damit die innere Struktur des Selbst (Fonagy, Gergely, Jurist u. Target, 2015).

Weitere relevante Drittkonstellationen

Neben der Koalitionsbildung, »ungehörigen« und »perversen« Triaden, der Fähigkeit, »den Winkel zu halten«, der vollständigen Triade mit ihren Teilhabe- und Beobachtungsbeziehungen, der reflexiven

Position etc. gibt es eine Vielzahl weiterer triadischer Konstellationen, die für triadisches Denken und Arbeiten eine Rolle spielen. Obwohl sie systematisch zu diesem Kapitel über die Figur und Dynamik der Triade zählen, haben wir uns entschieden, sie in den Unterkapiteln 3.2, 3.3, 3.4 zu lebensweltlichen, arbeitsweltlichen und beraterischen Triaden dort einzuführen, wo es inhaltlich für die Entfaltung der Argumentation Sinn macht. Es handelt sich beispielsweise um die multitriadischen Räume der Familie und der Organisation, die organisationale Basistriade und Basispyramide, die triadische Struktur der Primäraufgabe, inkludierte und assoziierte Triaden, anwesende und abwesende Dritte, vollständige und nicht vollständige Triaden etc.

»Das Dritte«: Primäraufgabe – Organisation – gesellschaftlicher und institutioneller Kontext

Hier müssen wir noch eine weitere Differenzierung einführen, von der wir bislang stillschweigend abgesehen haben – die Unterscheidung zwischen »der/die Dritte« (als Person und Akteur) und »das Dritte« (als Sache oder Gegenstand)[2]:
- Die Themen, Anliegen, Gegenstände, Ziele, derentwegen Personen zusammenkommen bzw. interagieren, bilden »das Dritte«. Soziale Beziehungen sind so nie »gegenstandslos«, da sie immer über ein »Drittes« vermittelt bzw. gestiftet sind, wie verborgen dies auch im Einzelnen sein mag. Zwischen Personen – sei es ein Paar, seien es zwei oder mehrere kooperierende Kollegen – gibt es ein *Drittes* (im Sinne von »*das Dritte*«), das den Grund dafür abgibt, dass sie zusammen sind (Liebe, Arbeitsaufgabe …), und gibt es Themen, die sie in ihren Kommunikationen verhandeln.

---

2 Manche Autoren nennen »das Dritte« auch »das Vierte«. Wir ziehen die Formulierung »das Dritte« vor, weil es die Beziehung zwischen »den Dritten« und »dem Dritten« – und damit zwei verschiedene Formen von »Drittheit« – dynamischer abbildet als ein »Viertes« und weil es auf einer anderen logischen Ebene liegt als die Ordnung: Monade, Dyade und Triade (der eine, der andere und der dritte).

- Ausgehend von der Tradition des Tavistock-Instituts ist die sogenannte »primäre Aufgabe« oder »Primäraufgabe« (Rice, 1973) ein prominentes »Drittes« in der Beratungsliteratur geworden. Durch die primäre Aufgabe sind die Mitglieder einer Organisation angehalten, aufgabenbezogen miteinander zu interagieren (Caplow, 1968). Dies soll deutlich machen, dass Arbeitsbeziehungen nicht bloß interaktive Beziehungen zwischen Mitarbeitenden, Führungskräften oder Kunden/Klienten darstellen, sondern wesentlich durch ein »Drittes« aufeinander bezogen sind (siehe Abbildung 7). Wellendorf beschreibt eindrücklich, wozu es führen kann, wenn in einem Team oder in einer Organisation der Bezug auf »das Dritte« verloren geht: »Geht jedoch der Bezug auf das Außen, auf dritte Instanzen verloren, so verlieren die Beteiligten den Kontakt zur Aufgabe und zur institutionellen Realität. Es entwickeln sich Interaktions- und Arbeitsformen, die nur von partikulären Wünschen und irrationalen gemeinsamen Phantasien geleitet sind. […] Geht die Spannung zwischen dem Innen- und dem Außenbezug verloren, so wird von den Beteiligten nur mehr das, was auf der einen Seite der Grenze geschieht, thematisiert und beobachtet – zum Beispiel die ›Beziehungskonflikte‹ innerhalb eines Teams –, ohne dass noch reflektiert würde, wie sie mit der Beziehung zu den Klienten zusammenhängen« (Wellendorf, 1996, S. 185; siehe auch Tietel, 2009).
- Institutionelle Rahmenbedingungen (Gesetze, Normen, Regeln) und gesellschaftlich-institutionelle Aufträge an Organisationen bilden ein weiteres »Drittes«, auf das sich die Akteure in ihren Handlungen beziehen. Erst durch das »Dritte« kommt »Gesellschaft« – hier als der »abstrakte« oder »generalisierte Andere« – in die unmittelbare Interaktion der Beteiligten.[3] Auch

---

3 »*Das Dritte*« hat Mead (1973, S. 193 ff.) bei der Beschreibung des Übergangs vom »Play« zum »Game« gefasst: Über die Perspektivenübernahme konkreter Interaktionspartner hinaus geschieht der gemeinsame Bezug auf verbindliche und verbindende Regeln, die Anerkennung eines symbolischen regelhaften Dritten. »*Das Dritte*« bei Mead ist der »generalisierte Andere«.

für Paare – seien es Liebes-, Freundschafts- oder Arbeitspaare – gelten institutionelle Rahmenbedingungen, allgemeine gesellschaftliche oder zwischen ihnen verbindlich ausgehandelte oder eingespielte Normen und Regeln, an die sie sich entweder halten oder deren Gültigkeit eingefordert wird, wenn einer sich »danebenbenimmt«.
- Auch in immateriellen Arbeitsbeziehungen wie Beratung oder Therapie wird sich ko-konstruktiv auf ein »Drittes« bezogen und dieses zugleich in der beraterischen Interaktion erst hervorgebracht. Für die therapeutische Beziehung in der Psychoanalyse hat Ogden das als das »analytische Dritte« eingeführt (Ogden, 2006).

»Das Dritte« bezeichnet somit etwas, das in Bezug auf die aktuellen Interaktionen zwischen den handelnden Akteuren bereits vorab existiert, in ihren Handlungen aber auch reproduziert und modifiziert wird. So ist etwa die Primäraufgabe nicht schlicht gegeben, sondern muss in den Interaktionen und Handlungen der jeweils Beteiligten gemeinsam »hergestellt« werden und wird sich im Laufe der Zeit mit Bezug auf gesellschaftliche und institutionelle Veränderungen auch selbst verändern.

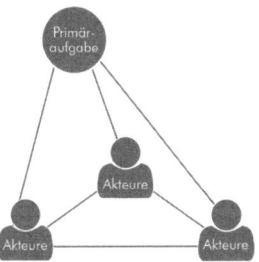

Abbildung 7: Die Primäraufgabe als das Dritte, auf das die Akteure bezogen sind

In den lebensweltlichen, arbeitsweltlichen und beraterischen Dreiecken geht vom »Dritten« somit auch eine gehörige Bindungs-, Integrations- und Veränderungskraft auf die Beziehungen und Interaktionen der Beteiligten aus, aus der heraus deren Stabilität, Veränderung und Logik aber auch erst plausibel werden.

Die Unterscheidung zwischen »der/die Dritte« und »das Dritte« mag hier noch etwas abstrakt klingen, sie wird sich in den Unterkapiteln 3.2 bis 3.4 mit Leben füllen.

3 Triadische Wirklichkeiten

3.1 Die drei Ebenen triadischer Realität

Im Weiteren soll es uns darum gehen, den um »den Dritten« oder »das Dritte« erweiterten Blick auf menschliche Beziehungen, deren Soziabilität als auch innere Psychodynamik, für Supervision plausibel und fruchtbar zu machen. Dabei beginnen wir jedoch nicht mit den triadischen Beziehungen in der Beratung, weil sie hier immer schon durch die beraterische Brille wahrgenommen werden. Schließlich ist man hier mit, wie Heltzel (2007, S. 31) schreibt, »jede(r) Menge Dreiecke« konfrontiert. Auch Pühl konstruiert seine »institutionelle Triade« immer schon aus der Perspektive der Beratung bzw. in Relation zur »supervisorischen Triade« (Pühl, 1996, 1997). Das verdeckt jedoch den Blick auf die *Eigenlogik nicht-beraterischer Triaden,* bevor diese zum Gegenstand der Beratung werden können.

Um zu entfalten, wie uns triadische Beziehungen in der Supervision entgegentreten, müssen wir zunächst verschiedene Realitätsebenen unterscheiden, in denen diese zwischen den jeweiligen Akteuren auftreten:

1. Ebene: Lebensweltliche Triaden
Lebensweltliche Beziehungen – unsere alltäglichen familiären, freundschaftlichen, nachbarlichen und beruflichen Bezüge – sind triadisch strukturiert und organisiert. (Die klassische Primärtriade ist die zwischen Vater-Mutter-Kind.) Sie erfordern von den lebensweltlichen Akteuren zur Regulierung ihrer Alltagsbeziehungen trianguläre

Kompetenz als ein Teil ihrer sozialen Kompetenz. Unsere Lebenswelt erschöpft sich jedoch nicht in persönlichen sozialen Beziehungen, sondern ist mit institutionellen und organisationalen Strukturen verwoben, die diesen als System »gegenüberstehen« oder sich diese einverleiben. Dies bringt es mit sich, dass auch lebensweltliche Triaden institutionell bzw. organisational überformt und eingebunden sind.

2. Ebene: Arbeitsweltliche Triaden
Auf der arbeitsweltlichen Ebene werden lebensweltliche Probleme »bearbeitet«. Im produktiven Bereich sind dies Probleme der materiellen Lebensvorsorge und -führung (etwa die Herstellung von Gütern und Zurverfügungstellung von Dienstleistungen) und im nicht produktiven Bereich existenzielle Probleme der Lebensgestaltung und -bewältigung (z. B. bei Gesundheits- oder Beziehungsproblemen).[4] Zur Bearbeitung lebensweltlicher Probleme müssen in der Arbeit – z. B. zwischen Mitarbeitern und Führungskraft, zwischen Helfer, Teamleiter und Klient etc. – ebenfalls triadische Beziehungen eingegangen werden. Auch hier gilt, dass diese Beziehungen institutionell und organisational gerahmt sind. Zu deren Regulierung müssen die Akteure trianguläre Kompetenz entwickeln und realisieren. In einer komplexer werdenden Arbeitswelt, die reflexiver und reflexionsbedürftiger wird (siehe Einleitung), gehört das Eingehen, Halten und Regulieren von triadischen Beziehungen zu einem Moment sogenannter Schlüsselkompetenzen.

3. Ebene: Beraterische Triade
In arbeitsweltlichen Triaden können Handlungsprobleme respektive Handlungskrisen auftreten. Dann entsteht Beratungsbedarf,

---

4 Die Unterscheidung zwischen Profit- und Non-Profitbereich ist hier sekundär, da es zunächst nicht um die Zuweisung von Arbeit zu unterschiedlichen gesellschaftlichen Funktionssystemen geht – im Sinne privatwirtschaftlicher Profitorientierung versus staatlich garantierter Gemeinwohlorientierung oder Daseinsvorsorge. Aber auch die Unterscheidung zwischen »produktiv« und »nicht produktiv« ist durch die hohe Ausdifferenzierung von Dienstleistungsarbeit in der modernen Arbeitsgesellschaft wenigstens zu relativieren, wenn nicht gar obsolet.

und arbeitsweltliches Handeln wird zum Gegenstand von Beratung, Supervision, Coaching etc. Deren Aufgabe besteht darin, dysfunktionale arbeitsweltliche Triaden wieder in Balance oder in eine produktive Spannung zu bringen, den beteiligten Akteuren ihren eigenen triadischen Raum reflexiv (wieder) verfügbar zu machen. Das heißt auch, über den krisenhaften Moment hinaus bei den Ratsuchenden trianguläre Kompetenz als Habitus zu entwickeln. Dass Supervisorinnen und Coaches dabei im sog. Dreieckskontrakt (z. B. zwischen Supervisorin, Supervisandin und Auftraggeber) selbst triadische Beziehungen eingehen müssen, ist die in der Supervisionsliteratur wohl am meisten besprochene und reflektierte triadische Herausforderung. Hinzu kommt die Frage, wie Beraten als trianguläres Handeln, etwa in der Fallarbeit oder der Selbstthematisierung von Teams, funktioniert. Das heißt, wie in der supervisorischen Bearbeitung des Materials ein »Raum« etabliert wird, um das Trianguläre im arbeitsweltlichen Kontext und darüber vermittelt in der Lebenswelt (wieder)herzustellen.

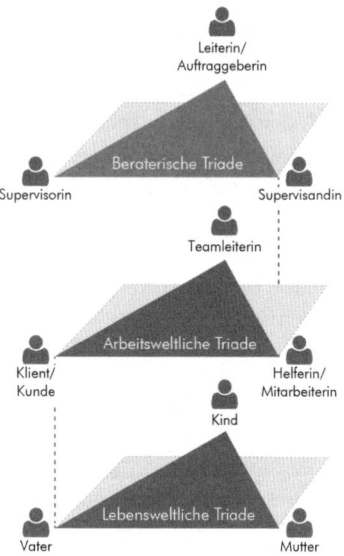

Abbildung 8: Die drei Ebenen triadischer Realität

Es wird nicht verwundern (oder doch?), dass wir bei unserer einführenden Systematik wieder auf die Drei verfallen sind. Die drei unterschiedlichen Ebenen beschreiben zunächst eine analytische Triade, in der *Lebens-, Arbeits- und Beratungswelt* aufeinander bezogen werden. Im realen Supervisionsprozess werden diesen dann real anwesende oder abwesende Akteure zugewiesen – der Klient der Supervisandin z. B. in seinen lebensweltlichen familiären Bezügen als Vater, die Supervisandin als Mitarbeiterin einer Einrichtung und zugleich als Beratungskundin. Die einzig unmittelbar präsente Triade in der Supervision ist zwar die beraterische, sie bezieht sich aber auf die anderen Triaden reflexiv und diskursiv. So bilden diese über die Ebenen hinweg eine virtuelle Triade dieser drei »Welten« (siehe Abbildung 8), die jeweils auf eigenlogische Triaden der Lebens-, Arbeits- und Beratungswelt verweisen. Wir stellen das hier voran, weil dies den analytischen Fahrplan unserer weiteren Untersuchung darstellt.

3.2 Lebensweltliche Triaden

Wie bereits gesagt, rührt eine Quelle triadischen Denkens aus der psychoanalytischen Konzeptualisierung der klassischen Familienkonstellation »Vater-Mutter-Kind« her – abgeleitet aus der ödipalen Konstellation, aber auch aus präödipalen Dynamiken zwischen den Eltern und dem Kind bzw. den frühen körperbezogenen Interaktionen zwischen Mutter und Säugling etc. Also beginnen wir mit familiären Konstellationen, um an ihnen exemplarisch den triadischen Blick auf die lebensweltlichen Beziehungen zu zeigen.

Beispiel: In der Supervision des Teams einer ambulanten Erziehungshilfe wird etwa die schwierige Situation der Familie Müller thematisiert. Die Familienhelferin berichtet, wie schwer es ihr falle, sich mit ihrem Auftrag im Familiensystem zu positionieren, und sie das Gefühl habe, irgendwie zwischen die Stühle zu geraten. Sie käme an die Mutter nicht recht heran, obgleich doch ein wesentliches Moment ihres Auftrages sei, diese in Erziehungsfragen und bei der Bewältigung des familiären Alltages zu unterstützen. Zugespitzt habe sich die Situation bei ihrem letzten Besuch in der Familie, als die Mutter sie habe »auflaufen« lassen usw.

Wir wollen die hier angedeutete Situation nicht schon als Fall für die Supervision oder die Familienhilfe betrachten – sondern in ihr die lebensweltliche Situation als solche sehen. Real entspricht das auch dem Vorgehen in einer Supervisionssitzung, zumal die Falleinbringerin das Genogramm der Familie mitgebracht hat, um sich und dem Team, wie sie es gelernt hat, zunächst einen Überblick über das Familiensystem zu verschaffen.

Wir versuchen, die familiären Beziehungen triadisch aufzuschließen, noch unabhängig davon, ob und wie wir das in der Supervisionssitzung mit welchem methodischen Arrangement tun würden:

Die familiäre Konstellation: Frau Müller, die Mutter der dreijährigen Tochter Anna und des 15-jährigen Sohnes René und ihr jetziger Lebenspartner Bernd, der der Vater von Anna ist, wohnen im Haus der Eltern der Kindesmutter. Hier wohnt auch noch ihre Mutter, also die Großmutter von Anna und René. Der geschiedene Partner von Frau Müller und Vater von René wohnt mit seiner jetzigen Lebenspartnerin Beate in derselben Stadt. Sie haben ebenfalls eine dreijährige Tochter, Lisa. Familienrechtlich teilen sich die beiden Eltern von René das Sorgerecht für ihren Sohn, dieser lebt im Sinne des Wechselmodells eine auf die andere Woche bei der Familie der Mutter oder bei der neuen Familie des Vaters. Die materielle Situation der Familie von Frau Müller (mit Anna, René und Lebenspartner Bernd) hat sich in letzter Zeit zugespitzt. Frau Müller ist geringfügig beschäftigt, Lebenspartner Bernd bezieht seit geraumer Zeit ALG II. Der neuen Familie des Vaters von René geht es materiell vergleichsweise sehr gut.

Das entspricht in etwa einer mittelkomplexen familiären Konstellation, wie sie so oder in ähnlicher Weise in Stief- und Patchworkfamilien anzutreffen ist, die gegenwärtig etwa 10 % familiärer Konstellationen in Deutschland ausmachen (BMFSFJ, 2014).

Schauen wir mit Haley allein auf die quantitativ möglichen Dreieckskonstellationen einer Familie, »so erhalten wir eine eindrucksvolle Komplexität. In einer durchschnittlich großen Familie, die aus zwei Eltern und zwei Kindern besteht, wobei jedes der Eltern zwei Eltern hat, ergibt diese Gruppe von acht Personen eine Kombination von 56 Dreiecken. Jedes Familienmitglied ist gleichzeitig an 21 Familiendreiecken beteiligt (die Tanten und Onkel, Nachbarn und Arbeitskollegen nicht mit eingerechnet). Jedes der 21 Dreiecke, an denen Eltern und Kinder teilhaben, trägt die Möglichkeit einer Koalition zwischen verschiedenen Generationen in sich. […] Eine Analyse der Familienstruktur, die auf den Dreieckskombinationen beruht, macht deutlich, dass jedes Familienmitglied sich an dem Berührungspunkt einer großen Anzahl von Dreiecken befindet und zwar als *einzige* Person an diesem ganz besonderen Punkt« (Haley, 1980, S. 73).

Blicken wir auf unsere Familie und versuchen, die vielleicht wichtigsten triadischen Beziehungen zu identifizieren, dann können wir zunächst drei relevante Triaden unterscheiden (siehe Abbildung 9, S. 39): Die *ursprüngliche Kernfamilie* zwischen Mutter, Vater und René, die zwar nicht mehr besteht, aber familiendynamisch immer noch eine relevante Triade bildet (schwarze Triade in der Abbildung). Die *beiden neuen Kernfamilien* mit den je dreijährigen Mädchen Anna und Lisa bilden zwei neue Triaden (hellgraue Triaden in der Abbildung), mit denen René über seine Stiefeltern wiederum Triaden bildet (dunkelgraue Triaden in der Abbildung). Somit ist er Teil unterschiedlicher Triaden.

Neben diesen *primären Triaden* ergeben sich aus der Familiendynamik relevante *sekundäre Triaden:*

Die *Triade zwischen René und seinen beiden Vätern,* zu denen dieser gute wie problematische (ambivalente) Beziehungen hat, in denen aber auch die beiden Väter jeweils schwierige Beziehungen zu dem pubertierenden René und zueinander pflegen, z. B. bezüglich der angemessenen erzieherischen Einwirkung auf René.

Schließlich besteht auch eine weitere *Triade zwischen Mutter und Großmutter zu den beiden Kindern Anna und René.* Familiengeschichtlich bedeutsam war die Unterstützung der seinerzeit siebzehnjährigen Mutter von René durch deren Mutter, da Renés Mutter damals als Noch-Teenagerin in ihrer Mutterrolle überfordert war. Aus dieser Zeit hat sich familiendynamisch eine problematische triadische Konstellation *zwischen den »beiden Müttern«* erhalten und nunmehr auf die Beziehung zur dreijährigen Anna übertragen. Dabei geht es um die Sorge der Großmutter, ihre Tochter könne abermals in ihrer Mutterrolle, wie seinerzeit und bis heute René gegenüber, versagen. Daraus ergibt sich eine Konkurrenz um die angemessene Mutterschaft zwischen den beiden Frauen, in deren Spannung auch mehr und mehr der Lebenspartner Bernd als Vater von Anna gerät (gestrichelte Linie).

Über den unmittelbaren familiären Kontext hinaus ist René zudem zwischen Familie, Schule und Peers eingebunden, sodass sich hier weitere triadische Beziehungen zwischen lebensweltlichen Akteuren und Institutionen ergeben können.

Das mag hinreichen, um zu skizzieren, wie ein Familiensystem als multitriadischer Raum verstanden werden kann. Mit Haley könnten wir je nach Fokus auch andere Triaden in den Blick nehmen, die wiederum mit anderen Triaden eine Beziehung eingehen usw. Es wird deutlich, wie triadische »Schieflagen« zu familiären Handlungskrisen führen können und die Beteiligten in ihren triangulären Kompetenzen überfordert sein oder an ihre Grenzen geraten können.

Deutlich springt hier zum einen die Triade zwischen den »beiden Müttern« um die mütterliche Hoheit – zwischen notwendiger Unterstützung und Übergriffigkeit – ins Auge. Sie dürfte wiederum nicht ohne Einfluss auf die triadische Beziehung zwischen Anna und ihren beiden Eltern sein. Auch die Triade zwischen den »beiden Vätern« und René erfordert von den Beteiligten ein hohes Maß an Distanz-, Loyalitäts- und Intimitätsregulation. Es fällt auf, dass wir es hier spiegelbildlich mit einer »Triade der konkurrierenden Mütterlichkeit« und einer »Triade der konkurrierenden Väterlichkeit« zu tun haben, was sicherlich einen Gutteil der familiären Gesamtdynamik ausmachen dürfte.

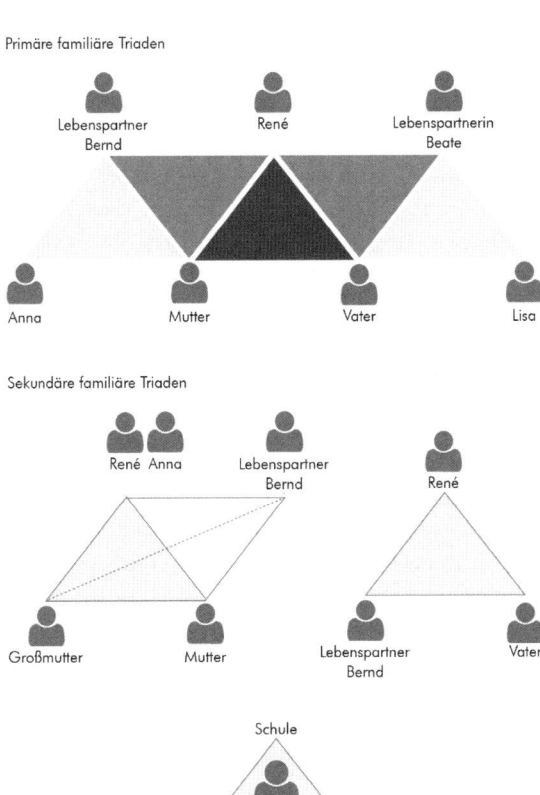

Abbildung 9: Lebensweltliche Triaden der Familie Müller

So kann man davon ausgehen, dass es auch dynamische Beziehungen zwischen den Triaden gibt, die sich entweder überlappen, weil ein Akteur zugleich in zwei oder mehreren Triaden präsent ist, oder die über eine weitere Triade miteinander verbunden sind, auch wenn sie sich auf den ersten Blick personal auszuschließen scheinen (wie unsere beiden »Triaden der Mütterlichkeit« und »Väterlichkeit«).

Konzeptuell hatten wir auf den Unterschied und das Gemeinsame von »die Dritten« und »das Dritte« verwiesen. Wenn »die Dritten« sozialen Interaktionen jenen Grad an Komplexität verleihen, der für entwickelte menschliche Sozial- und gesellschaftliche Beziehungen bestimmend ist, so gilt das für »das Dritte« in ähnlicher Weise. Es hat vor allem die Funktion, interaktive Beziehungen eben über ein *Drittes* nach innen zu binden und zugleich nach außen im Gesellschaftlichen zu verorten. Man könnte sagen, über das Dritte kommt in familiäre Beziehungen – als Gemeinschaft – das Gesellschaftliche hinein. Das Dritte nimmt dabei die Funktion dessen ein, *worum* es in den Interaktionen und Beziehungen geht.

Was ist beispielsweise die Primäraufgabe einer Familie? Die gemeinsame familiäre Versorgung im Alltag, die biologische und gesellschaftliche Reproduktion, die Lebensplanung, die gegenseitige Sorge, Zuneigung und Unterstützung usw. Das sind Aufgaben, die die Familie auch als gesellschaftliche Institution ausweisen, was über den unmittelbar gemeinschaftlichen Intimraum der Familie hinausgeht.

In den Beziehungen und Interaktionen der Familie Müller kann das »Wechselmodell« im Rahmen der Sorgerechtsregelung als ein zentrales Drittes angesehen werden. Es ist unschwer, sich vorzustellen, was das für den Alltag der Beteiligten, insbesondere für René, bedeutet. Er muss als sogenanntes »Kofferkind« sein Leben alternierend in den beiden Teilfamilien verbringen, aber auch diese haben jeweils eine Woche mit ihm und ohne ihn, als Kern- oder erweiterte Familie zu gestalten. Alle Beteiligten sind so in ihrer Kompetenz gefordert, in ihren Nähe- und Distanzregulationen immer auch Loyalitätsregulationen (anwesenden und nicht anwesenden) Dritten gegenüber zu üben. Dabei liegt es auf der Hand, dass sich das Dritte (worum es geht) nicht allein aus der institutionellen Aufgabe der Versorgung (rechtlich gesprochen: der Personenrechtssorge) speist, sondern dass es unterhalb dessen auch um Fragen geht, wer zu wem besonders nahe oder fernere Beziehungen hat, wer mit wem gut kann oder etwas teilen kann, wer wen auf Distanz halten muss, um ihn zu ertragen, wer mit wem Geheimnisse teilt etc. – also all das, was Familie als eine besondere Form von Gemeinschaft ausmacht. Hier die Verteilung von Liebe, Zuneigung und Aufmerksamkeit als Güter des Zusammenlebens in eine gute Balance zu bringen, die von allen geteilt und getragen wird, ist keine leichte Aufgabe. Dabei kann es insofern zu triadischen Schieflagen, z. B. zu problematischen Koalitionsbildungen kommen, dass, wie in unserem Beispiel, Familie Müller nicht mehr in der Lage ist, ohne professionelle Hilfe (z. B. Sozialpädagogische Familienhilfe) ihre institutionelle Versorgungs- und Erziehungsaufgabe zu erfüllen. Durch das Brüchig- und Fragilwerden des Dritten ist sogar das Leben und Überleben der Familie gefährdet, weil es seine wichtige Bindungskraft einzubüßen droht. Und mehr noch: Das Dritte kann zwischen den Akteuren sogar eine pathologische und dysfunktionale Kraft entfalten, wenn es zwischen den beiden familiären Teilsystemen, zwischen den beiden »Müttern« (Großmutter und Kindesmutter), den beiden »Vätern« (Renés Vater und Stiefvater) nur noch um die Frage geht, wer die bessere respektive der bessere ist. Dann hätte diese unheilvolle Konkurrenz unter der Hand die Primäraufgabe der Familie Müller überlagert.

Das hätte auch Folgen für die Herausbildung triangulärer Kompetenz. Schließlich sind Familien multitriadische Räume, in denen trianguläre Kompetenz gerade von Kindern und Heranwachsenden zu allererst erworben wird.

Bis hierhin ist deutlich geworden, wie sich lebensweltliche Beziehungen und Interaktionen triadisch »lesen« lassen bzw. wie sich Familie als multitriadischer Raum mit seinem Bezug auf ein Drittes verstehen lässt. Gelänge es Familie Müller, sich in ihren neuen triadischen Verhältnissen kompetent, d. h. triangulierend, zu bewegen, dann könnte Trennendes und Gemeinsames in einer Atmosphäre ausreichender Akzeptanz, die gut abgrenzt, aber nicht spaltet, integriert werden.

3.3 Arbeitsweltliche Triaden

Das Arbeitsbündnis als Arbeit in und an Triaden

Um uns der Ebene der arbeitsweltlichen Triade(n) zuzuwenden, müssen wir nur einen kleinen Perspektivenwechsel in unserem obigen Beispiel vornehmen: Familie Müller ist zum Gegenstand der Arbeit einer Familienhelferin, Frau Schmidt, geworden. Für sie ist die Familie Müller ein »Fall«, den sie bearbeitet und der, das ist zu erwarten, ihr richtig Arbeit macht. Aber wodurch ist diese Arbeit charakterisiert, und was erschließt uns hier ein triadischer Blick?[5]

Zunächst kann man festhalten, dass menschliche Arbeit per se triadisch konstituiert ist. Im denkbar einfachsten Fall der gegenständlichen Arbeit – jemand bearbeitet einen Gegenstand, einen Stuhl, ein Buch etc. – ist dieser mit seiner Tätigkeit auf ein Etwas, als ein »Drittes«, und zugleich auf sich selbst und jemand anderen bezogen. Der arbeitende Akteur geht triadische Beziehungen ein – zum Gegenstand (den er bearbeitet), zu sich selbst (indem er sich reguliert, plant, seine Kräfte einteilt, Stolz und Verzweiflung über sich und seine Arbeit entwickelt, »mit sich spricht«) und einem anderen (der direkt kooperativ beteiligt ist, mit dem er sich abstimmt oder der das Produkt nur konsumiert). Wir müssen das hier nicht weiter vertiefen, es zeigt aber, dass Arbeit, auch im Fall des einsam vor sich hinarbeitenden Tischlers oder Autors, eine dreiwertige Relation oder, wie wir hier sagen, eine

---

5 An dieser Stelle sei vermerkt, dass der Bezug zur Lebenswelt von Klienten vor allem in der Supervision, sofern sie in Feldern Sozialer Arbeit Beratung anbietet, als Arbeit immer noch wichtig und identitätsstiftend ist. Durch die »horizontale Expansion« der Supervision (Kühl, 2008, S. 111 ff.) in andere Arbeitsfelder ist das nicht mehr zwingend, weil inzwischen Berufsgruppen Supervision nachfragen, deren Primäraufgabe nicht die Bearbeitung von lebensweltlichen Klientenproblemen darstellt. Zudem wird vor allem durch die Etablierung des Coachings die Lebenswelt von Arbeitenden als Konkurrenz *von* und Überschneidung *mit* der Arbeitswelt beraterisch stärker thematisiert. Insofern kann die breite Reflexion von Lebenswelt in unseren Modellvorstellungen exemplarisch als Moment arbeitsweltlicher Wirklichkeit gelten.

triadische Struktur logisch einschließt, auch wenn dies von außen eher verborgen bleibt.

Was macht Frau Schmidt für eine Art von Arbeit? Es fällt auf, dass diese weniger eine gegenständliche und materielle Arbeit ist, sondern eher einem Arbeitstyp entspricht, der in den letzten Jahren arbeitssoziologisch als Dienstleistungsarbeit (Bauer, 2001) oder Interaktionsarbeit (Becke u. Bleses, 2015; Böhle u. Glaser, 2006) beschrieben wurde und professionstheoretisch als Arbeit in einem Arbeitsbündnis konzeptualisiert worden ist (Oevermann, 2009). Ohne im Einzelnen hier Differenzen zur produktiven und gegenständlichen Arbeit auszuformulieren, ist dieser Arbeitstyp dadurch gekennzeichnet, dass er Arbeit *an* einer Person, *mit* dieser und *für diese* vereint, was wiederum eine triadische Struktur einschließt (Busse, 2015). Dienstleistungsberufe, Tätigkeiten von Professionellen (Arzt, Psychotherapeut, Jurist, Berater, Pädagoge, Geistlicher, Sozialarbeiter etc.) respektive sogenannte Beziehungsarbeiter[6] müssen Arbeitsbündnisse mit Klienten, Patienten, Mandanten und Schutzbefohlenen etc. eingehen.

Das Besondere daran ist, dass die Person(en) und der Arbeitsgegenstand partiell zusammenfallen. Das heißt, dass ein Arbeitsbündnis z. B. zwischen Helfer und Klient zur co-konstruktiven Bearbeitung eines Anliegens (z. B. einer lebensweltlichen Krise) geschlossen werden muss. Wir befinden uns damit in einem Bereich der Arbeitswelt, der gemeinhin dem nicht produktiven Bereich (oder auch Non-Profitbereich, was nicht dasselbe ist) zugerechnet wird. Hier werden, und das ist das Entscheidende, lebensweltliche Probleme bearbeitet, die eher dem Modus der Lebensbewältigung (Gesundheit, Erziehung,

---

6 Wir unterlassen an dieser Stelle die in der Sache notwendigen Differenzierungen zwischen einfachen personenbezogenen Dienstleistungen und professionellen Dienstleistungen, die nur in einem »Arbeitsbündnis« erbracht werden können (Busse, 2015).

Partnerschaft, Bildung etc.)[7] und damit lebensweltlichen Handlungskrisen entstammen.

Wir können davon ausgehen, dass eine solche lebensweltliche Krise Frau Müller und ihre Familie zu einem Arbeitsgegenstand von Frau Schmidt gemacht hat, die nunmehr versucht im Sinne einer »stellvertretenden Krisenbewältigung« (Oevermann, 2009, S. 114)[8] der Familie von Frau Müller insoweit hilfreich zu sein, dass sie ihre lebensweltliche Autonomie zurückgewinnt und wieder handlungsfähiger in ihrer Lebensbewältigung wird. Nachdem, was wir über die Beziehungskonstellation in den beiden Teilfamilien und darüber wissen, was das Familiensystem braucht, wird schon deutlich, was die Arbeit von Frau Schmidt als Familienhelferin ausmachen wird. Kurz gesagt: Sie muss einen Gutteil ihrer Arbeit darin sehen, die triadischen Konstellationen in der Familie soweit zu stabilisieren und zu verändern, dass sich ein gelingender Familienalltag (wieder) einstellt. Das könnte z. B. heißen, Frau Müller in ihrer Mutterrolle zu bestärken, die Verantwortung für René und Anna zu übernehmen, die Unterstützung der Großmutter wohl in Anspruch zu nehmen, sich von ihr jedoch sowohl abzugrenzen als auch in zugespitzten Situationen die Verantwortung nicht einfach wieder an sie abzugeben und damit alte Mus-

---

7   Das Pendant dazu sind lebensweltliche Probleme wie Ernähren, Wohnen, Mobilsein, Kleiden etc., die durch den produktiven Bereich (auch Profitbereich) bearbeitet werden, eher im Sinne einer Vorsorge, sodass im Normalfall keine krisenhaften Situationen entstehen. Entstehen sie doch, wie Armutssituationen, dann werden sie der Krisenbearbeitung im nicht produktiven Bereich zugewiesen (Busse, 2010).

8   »Stellvertretende Krisenbewältigung« nach Ulrich Oevermann bedeutet, dass Professionelle Krisen der Lebenspraxis im Stellvertretermodus bearbeiten, wenn diese von den Akteuren nicht mehr selbst bzw. aus eigener Kraft bewältigt werden können. Es geht dabei darum, ihre eingeschränkte Handlungsautonomie und -fähigkeit (wieder)herzustellen. Dazu müssen Helfer und Klienten ein Arbeitsbündnis als Ort des professionellen (professionalisierten) Handelns eingehen. Dieser ist dadurch gekennzeichnet, dass hier »spezifische Sozialbeziehungen« (in denen die Akteure aus Rollen heraus handeln) und »diffuse Sozialbeziehungen« (in denen die Akteure als »ganze« Menschen handeln) auf widersprüchliche Weise aufeinander bezogen sind. Exemplifiziert hat Oevermann das am Beispiel des psychoanalytischen Therapiesettings.

ter der übergriffigen Bevormundung zu reaktivieren. Es könnte auch heißen, René bei seiner Ablösungskrise in seiner Loyalitätsregulation seinen beiden Vätern gegenüber zu unterstützen oder auch die beiden Väter in deren »arbeitsteiliger Vaterschaft« weniger konkurrierend miteinander die Perspektive von René einnehmen zu lassen. Schließlich könnte die Familienhelferin Frau Müller auch darin unterstützen, eine bessere Balance zwischen den alltäglichen Versorgungsaufgaben im Familienalltag, der Sorge um die beiden Kinder (deren Erziehung) und der Sorge um sich (der Perspektive auf dem Arbeitsmarkt) – wiederum als unterschiedliches Drittes – zu finden.

All das würde heißen, dass Frau Schmidt als Professionelle ausgleichend und ausbalancierend – mal parteiergreifend und stützend, ein anderes Mal in kritische Distanz gehend – »eingreift«. Sie bringt damit die Beziehungen in den unterschiedlichen lebensweltlichen Triaden mit deren jeweiligen Kernthemen und Konflikten (»das Dritte«) in einen Zustand, der autonomes und stärker aufeinander bezogenes Handeln der familiären Akteure ermöglicht. Es könnte hilfreich sein, Familie Müller dabei zu unterstützen, ihre eigenen neuen triadischen Verhältnisse besser – d. h. über Trennendes hinweg, ausreichend akzeptierend und nicht spaltend – zu balancieren.

Das kann freilich nicht bedeuten, dass Frau Schmidt alles »in Ordnung« bringt, sondern eher, dass sie versucht, die trianguläre Kompetenz der Beteiligten zu stärken. Dies kann aber nur gelingen, wenn es den Beteiligten möglich ist, ein Arbeitsbündnis als einen *triangulären Raum* – zwischen der Professionellen und den Klienten – aufzubauen. Dieser besondere Raum vermag auf Zeit die prekären, unterbrochenen, bruchstückhaften, ge- und verstörten Kommunikationen und Beziehungen in der Familie aufzunehmen, zu »containen« und neu, auf Probe oder auf ein Neues zu triangulieren. Die Arbeit der Professionellen bestünde dann nicht einfach in einer »stellvertretenden Krisenbewältigung« (Oevermann), sondern, wie wir es nennen würden, in einer *»stellvertretenden Triangulierung«*.

Das verlangt den professionellen Helfern einiges ab – es ist Arbeit und vor allem ist es *innere* Arbeit. Für Frau Schmidt heißt das, in der

Kommunikation mit zweien (z. B. den beiden Müttern) als Dritte »den Winkel zu halten«, in der Interaktion, z. B. mit der Mutter, den nichtanwesenden Dritten (z. B. René) zu repräsentieren, in der schwierigen Kommunikation zwischen den Akteuren immer wieder auf das Dritte – worum es geht und gehen sollte – zu insistieren und zu verweisen usw. Die herausfordernde innere Arbeit für die Professionelle bestünde dann darin, als ganze Person *und* zugleich mit einem spezifischen Rollenanteil respektive mit einem professionellen Auftrag in die Beziehung zu gehen. Und: In der Interaktion mit den Klienten zugleich die Position eines Dritten (in der Beobachtung und Reflexion dieser professionellen Arbeitsbeziehung) einzunehmen. Das entspricht der Fähigkeit, einen inneren reflexiven Raum zu etablieren, um in den äußeren Triaden sicher zu agieren. Oder wie Grieser (2015) es sinngemäß ausdrückt: Um ihre Arbeit an und in Triaden realisieren zu können, muss die Professionelle im Arbeitsbündnis innerlich trianguliert sein.

Die Organisation als multitriadischer Raum

Bis hierhin haben wir so getan, als würde Frau Schmidt als einzelne professionelle Helferin die Familie Müller dabei unterstützen, ihre triadischen Verhältnisse besser in den Griff zu bekommen. Tatsächlich ist Frau Schmidt im Auftrag einer sozialen Dienstleistungsorganisation (eines Trägers der Kinder- und Jugendhilfe) tätig. Das gälte rudimentärer selbst dann, wenn Frau Schmidt selbstständig wäre und in »eigenem Auftrag« handeln würde. Durch diese kleine Blickverschiebung gerät ein weiterer Dritter in den Fokus: die Organisation als ein wichtiger und mächtiger Dritter. Das ist aber nicht nur für die professionelle Helferin von Belang, sondern auch für Familie Müller. Sie ist nämlich nicht allein Klientin von Frau Schmidt, sondern über ihren Klientenstatus hinaus Kundin eines Trägers, der ambulante Hilfe (Familienhilfen) in seinem Portfolio anbietet.

Daraus folgt, dass die Arbeit von Frau Schmidt sich nicht allein aus dem Arbeitsbündnis mit der Familie Müller speist und sich nicht nur daraus die triadischen Anforderungen an ihr Arbeitshandeln ergeben. Frau Schmidt muss auch einen »Dreieckskontrakt« zwischen den Klienten und ihrer Organisation schließen, aus dem eine Reihe weiterer Anforderungen folgen. Um das besser zu verstehen, macht es Sinn, den Blick auf die Organisation als triadischen Raum zu richten. Wir gehen in mehreren Schritten vor, um die Komplexität nach und nach zu entfalten.

Die organisationale Basistriade und Basispyramide

Im einfachsten Fall können wir uns die Organisation als eine Triade aus mindestens drei Akteursrollen respektive -positionen vorstellen, die erst sekundär durch reale Personen besetzt werden: Die *Position des Mitarbeiters respektive des Professionellen,* die *Position des Klienten respektive des Kunden* und *die Position der Führungskraft respektive der Leitung.* Da es hier um Rollen geht, ist es einerlei, ob etwa im konkreten Fall einer Organisation eine Person sowohl die Rolle des Professionellen als auch die Rolle der Führungskraft einnimmt (das wäre nur eine erhöhte Anforderung für die Person). Entscheidend ist vielmehr, dass die Organisation zwingend diese triadische Basisstruktur aufweisen muss, wenn sie eine Organisation sein will.

Eine bloß dyadische Beziehung zwischen Führungskraft und Mitarbeiterin macht keinen Sinn, wenn ihr der Klient/Kunde nicht zugleich als Dritter gegenübertritt und zum Adressaten professioneller (Be-)Handlung wird. Die bloß dyadische Beziehung zwischen Professionellem und Klient liefe sozusagen in sich zurück und würde sich tendenziell privatisieren, wenn die Führungskraft/Leitung nicht als Dritter diese Beziehung koordiniert, rahmt, mit Ressourcen absichert und gegebenenfalls auch kontrolliert. Sie sorgt dafür, dass die Arbeit nach innen und außen organisiert wird. Selbst die Beziehung zwischen Kunden (Klienten) und Leitung (Führungskraft), die in der Regel eher eine latente als eine interaktiv vollzogene ist, verweist auf den Professionellen respektive Mitarbeiter als Dritten. Über ihn kann sich ein Kunde z. B. beschweren, weil die Organisation nicht jene Dienstleistung erbringt, die er vielleicht erwartet. Damit wird

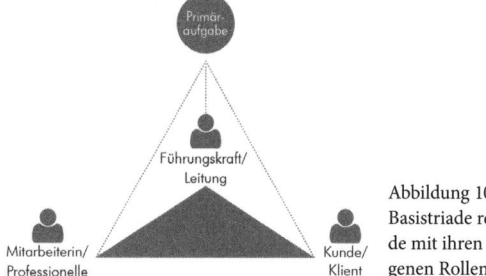

Abbildung 10: Organisationale Basistriade respektive -pyramide mit ihren aufeinander bezogenen Rollen

deutlich, dass die Basistriade strukturell die Beziehungen zwischen den potenziellen Akteuren beschreibt, selbst wenn diese als reale Akteure sich nur dyadisch gegenübertreten und real niemals wirklich zu dritt aufeinandertreffen.

Über all dem steht aber als das *bindende Dritte die Primäraufgabe* der Organisation: »Zu jeder Zeit hat das Ganze oder jeder Teil einer Organisation eine primäre Aufgabe: das ist die Aufgabe, deren Ausführung für ihr [der Organisation] Fortbestehen unabdingbar ist« (Rice, 1973, S. 25). Erst durch die Primäraufgabe ergibt sich über der Basistriade sozusagen eine Pyramide, die einen Raum eröffnet (siehe Abbildung 10). Pühl hatte bereits 1997 die sogenannte »institutionelle Triade« eingeführt. Es handelt sich dabei eigentlich um eine Pyramide aus Mitarbeitern (Team), Klient(en) und Institution (Organisation) und aus der Primäraufgabe an der Spitze.[9] Das hat, wie wir gleich sehen

---

9 Pühl hat jedoch hier eine unnötige Unschärfe eingebaut: Erstens hat er den soziologisch wichtigen Unterschied zwischen Organisation und Institution getilgt, denn es handelt sich hier eigentlich immer um Organisationen. Insofern sprechen wir auch von einer organisationalen (Basis-)Triade. Zweitens kann die Organisation (respektive Institution) logisch nicht Teil der eigenen Triade sein, die Triade selbst ist die Organisation/Institution. So lässt sich im Folgenden auch deutlicher machen, dass die Akteure in einer Organisation zu anderen Akteuren jeweils andere Beziehungen (Rollen) einnehmen – in Bezug zum Klienten ist die Mitarbeiterin Professionelle, in Bezug zur Führungskraft aber eben Mitarbeiterin bzw. Beschäftigte etc.

werden, zur Folge, dass die Akteure aus ihren Rollenperspektiven heraus unterschiedliche (multiple) Bezüge zur Primäraufgabe haben.

Die multiple Struktur der Primäraufgabe

Blicken wir auf die organisationale Basistriade/-pyramide, dann fällt auf, dass sich die Rollen an den Spitzen der Triade funktionell verdoppeln, je nachdem welches Gegenüber man in den Fokus nimmt. So ist die Mitarbeiterin gegenüber der Führungskraft in der Rolle der Mitarbeiterin, gegenüber dem Klienten aber in der Rolle der Professionellen oder Fachkraft. Der Klient verhält sich der Fachkraft gegenüber als Klient. Als Kunde wird er sich eher gegenüber dem positionieren, was die Organisation (repräsentiert durch die Leitung) als Dienstleistung anbietet. Das gilt selbst dann, wenn er in einer kritischen Situation der Professionellen gegenüber den Kundenstatus reklamiert und damit zwangsläufig aus der Klientenrolle bzw. aus dem Arbeitsbündnis aussteigt.

Was sich hier zeigt, ist der Umstand, dass sich die Basispyramide genau genommen aus drei aufeinander bezogenen Triaden zusammensetzt, die einen je anderen Bezug zur Primäraufgabe haben. Jeder Pol hat einen anderen Blick auf die Spitze des Dreiecks (die Primäraufgabe) und auf die anderen Akteure und deren Beziehung zueinander. Das heißt, die Primäraufgabe ist nicht einfach gegeben, sondern sie »ergibt« und realisiert sich erst in den unterschiedlichen Triaden (siehe Abbildung 11).

Im Fall unserer unterstellten sozialen Dienstleistungsorganisation kann man davon ausgehen, dass sich die Primäraufgabe aus drei »Aspekten« (A) zusammensetzt:

A 1: In der Beziehung zwischen Mitarbeiterin und Führungskraft figuriert die Primäraufgabe als *Aufgabe,* die der Mitarbeiterin zugewiesen und übertragen wird. Hierzu zählt auch die arbeitsvertragliche Ebene, auf der die inhaltliche(n) Aufgabe(n) sowie die weiteren Arbeitsbedingungen vereinbart sind.

A 2: In der Beziehung zwischen Klient/Kunde und Leitung der Organisation fällt der Blick auf die Primäraufgabe aus der Perspektive

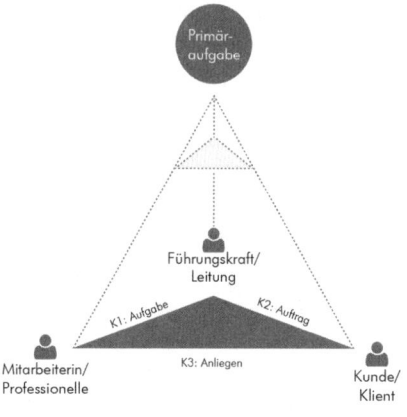

Abbildung 11: Triadische Struktur der Primäraufgabe in der organisationalen Basispyramide

des Kunden als *Anspruch oder Auftrag* an eine zu erbringende oder ihm zustehende Dienstleistung. Aus der Perspektive der die Organisation repräsentierenden Leitung ist Teil des Auftrags, der Organisation das ökonomische Überleben zu sichern und im Fall von sozialen Dienstleistungsorganisationen ihren institutionellen Auftrag zu erfüllen.

A 3: In der Beziehung zwischen Klienten und Professionellem erscheint die Primäraufgabe als ein *Anliegen,* welches in der Herstellung eines Arbeitsbündnisses erst interaktiv ausgehandelt wird/werden muss. Auch die Professionelle hat aus ihrem professionellen Selbstverständnis heraus ein Anliegen bzw. einen institutionellen Auftrag, aus dem sich etwa der Sinn und das Verständnis von Hilfe speist.

Es ist zu erwarten bzw. ein aus der Praxis sozialer Dienstleistungsorganisationen wohlbekannter Sachverhalt, dass sich die Primäraufgabe eben nicht einfach »ergibt« und quasi von selbst ihrer eigenen Logik folgt. Sie vereint in sich widersprüchliche Anteile, die sich aus triadischen Spannungen und aus denen sich triadische Spannungen ergeben. So folgt aus der Perspektive der jeweiligen Triaden die Frage, was denn die »eigentliche« Primäraufgabe der Organisation ist. Unter dem Stichwort der »hybriden Organisation« wird der Sachverhalt thematisiert (Evers u. Ewert, 2010), wie unterschiedliche Handlungslogiken gerade (aber nicht nur) in sozialen Dienstleistungsorganisationen aufeinandertreffen bzw. im Handeln integriert werden müssen. Eine ökonomische Handlungslogik, die einen gesellschaftlichen *Auftrag/Anspruch* in einen ökonomischen ummünzt und ummünzen muss, eine bürokratische Handlungslogik, die *Aufgaben* vergibt, ihre Durchführung und Erledigung registriert und dokumentiert und eine fachliche Handlungslogik, die nach professionellen Standards ein *Anliegen* mit dem Klienten co-konstruktiv bearbeitet, können durchaus konkurrieren. Für die Akteure ergibt sich daraus die Anforderung, der eigenen Handlungslogik und der eigenen Perspektive auf die Primäraufgabe zwar zu folgen, dabei aber die der anderen nicht zu leugnen oder abzuspalten – das ist eine zentrale professionelle Herausforderung an die trianguläre Kompetenz der Beteiligten und damit der Organisation im Ganzen.

Inkludierte und assoziierte Triaden – anwesende und abwesende Dritte

Eine weitere Perspektive auf die Organisation gewinnt man, wenn man bedenkt, dass nicht nur die Primäraufgabe ausdifferenziert wird, sondern die Akteure sich weiteren Triaden zuordnen. Man kann hier »inkludierte Triaden«, die Substrukturen der Organisation sind, von »assoziierten Triaden« unterscheiden, die der Organisation von außen assoziiert oder an diese angebunden sind (siehe Abbildung 12).

Inkludierte Triaden

Die Inklusion von Triaden folgt der Logik von Matroschka-Puppen: Triaden können weitere Triaden unterschiedlicher Ordnung einschließen. Betrachten wir zunächst die mit »Mitarbeiter/Professioneller« und mit »Führungskraft/Leitung« belegten Ecken, so kann man hier zwei Inklusionsbeziehungen antreffen:

Erstens ist die Professionelle in der Regel in ein *internes* Team eingebunden (untere linke Ecke der Abbildung 12). Sowohl in mono- als auch in multiprofessionellen Teams ergeben sich durch unterschiedli-

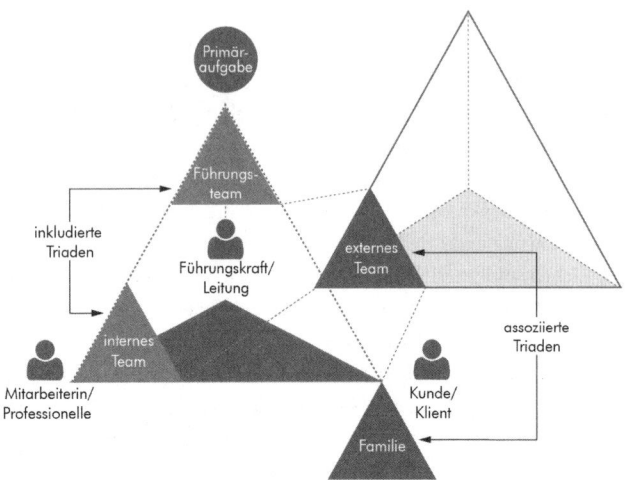

Abbildung 12: Inkludierte und assoziierte Triaden der Organisation

che professionelle Selbstverständnisse (mitunter auch innerhalb einer Profession) und erst recht zwischen unterschiedlichen Berufskulturen (Psychologe, Sozialarbeiterin, Erzieher, Betriebswirtin) eigene fachliche Blicke auf die Klienten, deren Problemlagen, und damit auf die Primäraufgabe. Daraus kann sich eine Reihe von Konstellationen ergeben, die gut trianguliert sein wollen.

> **Voraussetzung für eine gelingende Kooperation zwischen Berufskulturen**
>
> Kurt Buchinger umreißt die spezifische Haltung und Fähigkeit, die Angehörige von Berufskulturen erwerben müssen, wollen sie mit anderen Professionellen und Fachvertreterinnen auf möglichst produktive Weise kooperieren, wie folgt: »Man muss sich mit seinem Fach identifizieren und es gleichzeitig als kontingent zur Disposition stellen; von den eigenen fachlichen Kenntnissen und Fertigkeiten überzeugt sein und gleichzeitig wissen, dass diese Überzeugung

nur bedingt gerechtfertigt ist (und zwar nicht deshalb, weil man sein Fach schlecht beherrscht). Man muss das eigene Wissen als eine bestimmte Form des Unwissens, die eigenen Kenntnisse als eine bestimmte Form von Unkenntnis verstehen, hinnehmen und miteinander teilen« (Buchinger, 1997, S. 67).

Mit Bezug auf die im ersten Kapitel beschriebene Einsicht, dass sich jeder Teilnehmer einer Triade in einer partiellen Ausschlussposition befindet, gelingt die multiprofessionelle Kooperation nur insoweit, wie die Beteiligten zumindest ansatzweise die Bereitschaft haben, sich mit ihrem spezifischen Ausschluss und den damit zusammenhängenden Begrenzungen ihrer fachlichen Perspektive auseinanderzusetzen, und in der Lage sind, diese zumindest für eine gewisse Zeit »in der Schwebe« zu halten.[10]

Auch die Tatsache, dass ein Teamleiter zugleich Mitglied des Teams und Mitglied eines Führungsteams ist oder »ortlos« zwischen beiden oszilliert, kann für alle Beteiligten zu spannungsvollen triadischen Konstellationen des Ein- und Ausgeschlossenseins und -fühlens führen.

Zweitens bildet das Führungsteam, welches sich aus Führungskräften unterschiedlicher oder der gleichen Hierarchieebene (z. B. Geschäftsführer und pädagogischer Leiter) zusammensetzt, einen eigenen substrukturellen triadischen Raum in der Organisation, für den auch zutreffen mag, was wir eben mit Bezug auf die multiprofessionellen Teams gesagt haben – nur, dass deren Blick nicht primär auf die Klienten sondern auf die Organisation gerichtet ist. Führung hat aber selbst eine eigene triadische Struktur, weil sie sich zum einen auf das Team bzw. mehrere Mitarbeitende bezieht, aber auch die Führungskraft ihrerseits als Teil eines Subteams (oder auch allein) einer weiteren Führungskraft untergeordnet sein kann.

---

10 Zur Dynamik zwischen Subsystemen bzw. Subkulturen in Organisationen siehe Tietel (2003, S. 50 ff.).

Führung ist nicht bloß dyadisch

Neuberger (2002, S. 37 ff.) zufolge greifen Führungskonzepte, die Führung als dyadische Beziehung zwischen Führungskraft und geführter Person, zwischen Vorgesetztem und Untergebenem konzipieren, zu kurz. »Weit häufiger«, so Neuberger, hat eine Führungskraft »mehrere direkte Unterstellte« – damit haben wir es mit triadischen Relationen zu tun (siehe Abbildung 13).

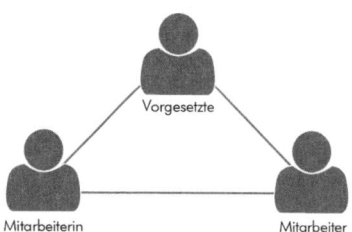

Abbildung 13: Grundschema Führung

Die Führungstriade und »perverse Dreiecke«

Zur interpersonalen Konstellation von Führungsperson und Geführten – mit der Leitfrage: Wer ist beteiligt? – kommt die Dimension der Aufgaben und Ziele hinzu. Die Leitfrage lautet hier: Worum geht es? »Führung ist Einwirkung auf Geführte, damit diese etwas tun: eine Aufgabe ausführen, ein Produkt erstellen, ein Ziel erreichen« (S. 43). Beide Aspekte spiegeln sich in den Führungsdimensionen »Mitarbeiterorientierung« und »Aufgabenorientierung« wider.

Neuberger aufgreifend entwickelt Weibler das Konzept der »Führungstriade«, indem er eine weitere Führungsdimension einführt. Nicht nur Mitarbeiter, so Weibler (2009), haben Vorgesetzte, auch für die meisten Führungskräfte gilt, dass sie zugleich »Führende und Geführte« sind. Damit gerät der »nächsthöhere Vorgesetzte« in den Blick (siehe Abbildung 14): Durch die »Konzeption der Führungstriade wird der nächsthöhere Vorgesetzte selbst zu einem integralen Bestandteil einer nun durch drei Personen zu definierenden Führungsbeziehung« (S. 318).

Die spezifische dynamische Spannung dieser Triade vertikal über die Ebenen hinweg wird mitunter erst sicht- und spürbar, wenn es zu illoyalen Verletzungen der triadischen Ordnung kommt. Wenn etwa eine Mitarbeiterin unter Umgehung ihres Vorgesetzten direkt mit der nächsthöheren Führungskraft kommuniziert oder diese umgekehrt die Mitarbeiterin unter Umgehung des direkten Vorgesetzten als Informationsquelle über diesen benutzen möchte. In der soziologischen Organisationsanalyse hat Caplow (1968) hierfür den Begriff der »*ungehörigen Triade*« entwickelt. Schärfer noch fasst dies aus psychodynamischer Perspektive Haley (1980), der für derartige ungehörige Beziehungskonstellationen, bei denen ein Bündnisangebot über hierarchische Grenzen hinweg erfolgt, den Begriff des »*perversen Dreiecks*« geprägt hat.

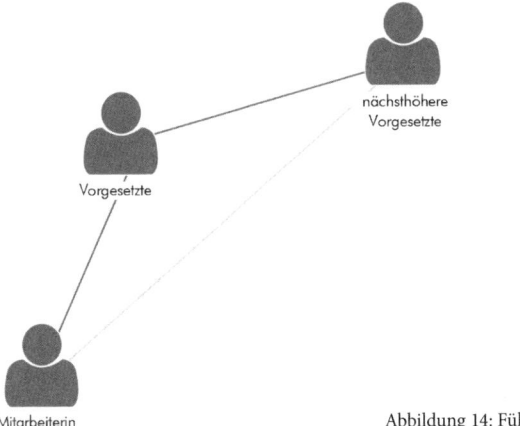

Abbildung 14: Führungstriade

Assoziierte Triaden

Organisationen sind mit relevanten Dritten, die nicht direkt der Organisation angehören, mehr oder weniger fest über die Primäraufgabe zu Triaden verbunden. Wir nennen diese »assoziierte Triaden«:

- Dazu gehört im Fall von Dienstleistungsorganisationen vor allem das *Klientensystem*. Der Klient kann dem Professionellen zwar als Einzelner gegenübertreten (z. B. nur als Mutter oder nur als Kind), er agiert jedoch immer aus einer assoziierten familiaren Triade (Vater-Mutter-Kind etc.) heraus, in die er eingebunden ist. Aber auch die familiare Triade kann als Ganze in der Klientenrolle sein. Das Besondere dieses assoziierten Status ist es, dass die Leitung im Bedarfsfall zwar klärend und vermittelnd in die Interaktion zwischen Helfer und Klient eingreifen kann, dem Familiensystem gegenüber aber keine Führungsmacht hat.
- Ein weiterer Typ assoziierter Beziehung zu externen Dritten ergibt sich etwa aus vertraglichen Beziehungen, die die Organisation zu *externen Kooperationspartnern* hat. Im Fall der Kinder- und Jugendhilfe kann das etwa der beauftragende Allgemeine Sozialdienst (ASD) des Jugendamtes sein, der dem Träger der Jugendhilfe Aufträge gibt und die Familie als Klienten vermittelt. Die Leitung als Vertreter der Organisation nach außen, das Team der Professionellen oder der Professionelle als Teil seines Teams und schließlich der Klient (die Familie) sind dadurch mit externen Dritten assoziiert.

Das führt in der Regel zu einer ganzen Reihe triangulärer Anforderungen an die Beteiligten: Zuallererst ergeben sich in der Triade zwischen den Vertretern beider Organisationen/Teams und dem Klienten zum Teil deutlich unterschiedliche Perspektiven auf den Klienten und seine Problemlage und damit verschiedenartige Aufträge. Trotzdem müssen die Vertreter der beauftragenden Organisation (Jugendamt) und der auftragnehmenden Organisation zum Wohle des Klienten kooperieren. Was hier ins Spiel kommt, ist die Tatsache, dass es, wie in Abbildung 12 angedeutet, Kooperationen jenseits der eigenen Organisation gibt. Hier wird dann auch in organisationübergreifenden Triaden interagiert – im Rahmen der Jugendhilfe etwa im sogenannten »sozialrechtlichen Dreiecksverhältnis«.

> **Sozialrechtliches Dreiecksverhältnis/Leistungsdreieck**
> In der Wohlfahrt im Allgemeinen wird diese Beziehung zwischen auftraggebender Organisation als öffentlicher Träger (Leistungsträger), der auftragnehmenden Organisation (Leistungserbringer) und dem Klienten (Leistungsberechtiger/-nehmer) als sozialrechtliches Dreiecksverhältnis oder kurz auch Leistungsdreieck bezeichnet. Hier wird eine »Vereinbarungstrias« zwischen Entgelt, Leistung und Qualität(-sentwicklung) geschlossen (Kunkel, 2008).

Interessant ist, dass die Akteure auch zwischen den Organisationen in der Regel in stabilen oder Ad-hoc-Netzwerkstrukturen handeln müssen, indem sie z. B. fallbezogen Triaden zwischen Klienten und zwei beteiligten Organisationen (z. B. Jugendhilfe und Psychiatrie) erst herstellen müssen.

Die Präsenz abwesender Dritter

Für alle *inkludierten* und *assoziierten Triaden* gilt, dass sie in konkreten Interaktionen dynamisch wirksam sein können, obwohl relevante Akteure dieser Triaden gar nicht anwesend sind oder sein müssen. So ist in der Interaktion zwischen Professioneller und Mutter das eigene Team möglicherweise ein wirksamer Dritter, ohne dass es oder einzelne Kolleginnen direkt in die Interaktion eingreifen. Für die Fachkraft kann es aber in einer kritischen Situation im Arbeitsbündnis mit der Klientin ein wichtiger innerer Beistand sein (ohne selbst anwesend zu sein). Ebenso sind in der Kommunikation zwischen Fachkraft und Klientin die nicht anwesenden respektive abwesenden Familienmitglieder als Dritte latent präsent. Aber bereits in Bezug auf die Basistriade treffen wir auf das Phänomen der *Anwesenheit* und *Abwesenheit* relevanter Dritter. Auch die Führungskraft wird nur im Krisenfall in die Helferbeziehung zwischen Professioneller und Klientin direkt eingreifen, ansonsten ist sie ein relevanter abwesender Dritter. Diese theoretische Perspektive macht insgesamt noch einmal die Multiperspektivität triadischer Beziehungen in Organisationen deutlich, die sich durch die Tatsache assoziierter Triaden noch vervielfältigen. Sie können dynamisch und mental bei den Akteuren präsent sein, was eine weitere Herausforderung an deren trianguläre Kompetenz darstellt.

Das ist die Stelle, um noch einmal kurz zu Frau Schmidt aus unserem Beispiel zurückzukehren. Bis hierhin sollte schon deutlich geworden sein, welche triadischen Beziehungen sich hinter dem Arbeitsbündnis, welches Frau Schmidt mit der Familie eingegangen ist, auftun, wenn man die Organisation als ein Drittes in den Blick nimmt – als ein Drittes, welches sich seinerseits als ein multitriadischer Raum beschreiben lässt. Angesichts der Komplexität, die sich hier auftut, könnte man mehr als Mitleid mit Frau Schmidt haben, wenn man daraus ableiten würde, sie müsse dies alles präsent haben, beherzigen und bewältigen.

Richtig ist, dass es die Professionalität von Frau Schmidt ausmacht, dass sie in der Lage ist, ein helfendes respektive hilfreiches Arbeitsbündnis mit der Familie Müller (oder einzelnen Familienmitgliedern) aufzubauen und dabei sowohl *triadisch aufgeklärt* handelt (siehe oben) als auch *nicht organisationsvergessen* agiert. Man muss es eigentlich noch zugespitzter formulieren: Die Etablierung eines professionellen Arbeitsbündnisses verlangt es nachgerade, dass Frau Schmidt sich nicht allein als Helferin wahrnimmt, sondern auch als Vertreterin der Organisation. Das könnte heißen, dass sie in den mitunter verschlingenden familiären Dynamiken als Familienhelferin die Primäraufgabe ihrer Organisation als Navigator im Kopf behält, dass sie dabei aber auch die multiperspektivische Struktur dieser Primäraufgabe präsent hat. Auch wenn ihr primärer Fokus auf den zu bearbeitenden Anliegen der Klienten liegt, ist dies eine Anforderung an ihre triangulierende Loyalitätsregulation bezogen auf die anderen Teilmomente der Primäraufgabe – so hat sie auch einen institutionellen respektive gesellschaftlichen Auftrag zu erfüllen, die ökonomische Relevanz dieses Auftrags für das Überleben der Organisation anzuerkennen und dies im Rahmen übertragener Aufgaben als Arbeitnehmerin nachvollziehbar zu erfüllen. Das schließt durchaus ein, dass sie dennoch in der helfenden Unterstützung der Klienten »ihre« Primäraufgabe sieht und sich als Anwältin der Klientenperspektive versteht, gerade dann, wenn außerfachliche Handlungslogiken diese in der Organisation ökonomisch und/oder bürokratisch zu dominieren drohen. Hier wieder für Triangulierung zu sorgen, wäre Ausdruck einer triangulären Kompetenz, die zudem eine politische Dimension hat.[11]

Der Bezug zur Organisation als multitriadischem Raum stellt sich für Frau Schmidt auch über die unterschiedlichen Triaden her, denen sie zugehört oder mit denen sie nur indirekt verbunden ist. Hier ist sie jeweils mit anwesenden oder abwesenden Dritten in Kontakt. Zu ihnen nimmt sie auch indirekt Beziehungen auf, wenn sie in der Kommunikation mit der Führungskraft in kritischer Loyalität sowohl dem eigenen Team als auch den Klienten gegenüber agiert, wenn sie in der helfenden Interaktion mit der Familie der kritischen Loyalität des eigenen Teams, z. B. des kritischen Blickes aus einer anderen Professionsperspektive, gewahr wird, und schließlich, wenn sie auch mit außerorganisationalen Akteuren, in deren Auftrag sie steht oder die in ihrem Auftrag stehen, so agiert, dass die Beziehungen auch in kritischen Situationen des Dissens trianguliert bleiben.

Das alles bedeutet nicht, dass Frau Schmidt in eine Art multiperspektivischen oder triadischen »Overload« gerät. *Trianguläre Kompetenz bedeutet weniger, alle möglichen triadischen Konstellationen und Beziehungen immer präsent zu haben, sondern eher, auf triadische Schieflagen sensibel zu reagieren und sie dann fokussiert in den Blick zu nehmen.* Frau Schmidt wird und muss allerdings wissen, dass die Spiel- und Bewegungsräume, die sie in ihrer Primärtriade des Arbeitsbündnisses mit der Familie als rahmend, sichernd und behindernd wahrnimmt, immer auch Resonanzen aus den inkludierten und assoziierten Triaden, von nicht anwesenden Dritten etc. der Organisation sind.

---

11 Die besonderen triangulären Anforderungen an die Professionellen, die sich hier z. B. im Rahmen des Kinderschutzes ergeben, haben Ariane Schorn und Klaus Wilting plastisch beschrieben (Schorn u. Wilting, 2008).

3.4 Beraterische Triaden

In diesem Abschnitt wenden wir uns nunmehr den beraterischen Triaden in der Supervision zu, eine Perspektive, die wir bislang bewusst außen vor gelassen haben – wenngleich Sie vermutlich bereits ahnen (oder wissen), welche Herausforderungen daraus für Beratungsanliegen in der Supervision folgen. Uns war es aber zunächst wichtig, zu zeigen, dass sowohl die lebensweltlichen als auch arbeitsweltlichen Triaden vor jeder beraterischen Thematisierung existieren und welche triangulären Anforderungen diese an die jeweiligen Akteure stellen.

Beim Übergang von der Ebene der lebensweltlichen zur arbeitsweltlichen Triade haben wir unterstellt, dass lebensweltliche Probleme (vor allem Probleme der Lebensbewältigung, z. B. Familienprobleme) dann zum Gegenstand von Arbeit werden, wenn sie nicht mehr allein lebensweltlich gelöst werden können. Dann können sie zum Fall arbeitsweltlicher Bearbeitung werden. Ähnlich verhält es sich beim Übergang zur Beratung und Supervision auch: Wir haben exemplarisch gesehen, mit welchen Anforderungen die Familienhelferin Frau Schmidt konfrontiert ist oder allgemeiner: Mit welchen triadischen Handlungsanforderungen arbeitsweltliche Akteure vor allem im Kontext sogenannter Beziehungsarbeit, die die Etablierung von Arbeitsbündnissen notwendig macht, rechnen müssen. Entsprechend können auch hier krisenhafte Problemkonstellationen auftreten, die nicht mehr allein mit Mitteln *dieser* Arbeitswelt zu beheben sind, sondern zum Fall von Beratung respektive Supervision werden. Freilich ist Beratung schlicht und einfach ebenfalls Teil von Arbeitswelt, jener Arbeitswelt, die sie dann zum Gegenstand hat und reflexiv bearbeitet. So macht es für uns eher aus Gründen der Darstellung Sinn, hier von einer eigenen Ebene zu sprechen. Arbeitsweltlicher Beratungsbedarf brachte solche Beratungsformate wie Supervision, Coaching und Organisationsberatung etc. hervor.

Mit der Entscheidung, den Fokus weiterhin auf jenem Typ von Arbeit, der *Arbeitsbündnisse* notwendig macht, zu lassen, ist die Entscheidung verbunden, uns vor allem auf das Beratungsformat Supervision zu konzentrieren. Zum einen deswegen, weil historisch gesehen der Bedarf nach reflexiver Bearbeitung vor allem in der Beziehungsarbeit entstanden ist, die in nuce eben triadisches Arbeiten, mithin trianguläre Kompetenz verlangt. Zum anderen sind wir fest davon überzeugt, dass das, was wir zur beraterischen Triade zu sagen haben, sich unschwer in andere reflexive Beratungsformate, wie das Coaching, transferieren lässt. Dies gilt umso mehr, als wir beobachten können, wie in der Arbeitswelt auch andere Arbeitstypen, etwa Interaktionsarbeit oder aber das Führen, tendenziell den Charakter eines Arbeitsbündnisses annehmen. Von Führungskräften wird zunehmend erwartet, dass sie triadische Beziehungsarbeit leisten.

Wir wollen also im Weiteren fragen: Was geschieht, wenn die Supervisorin als Dritte bzw. der Supervisor als Dritter hinzukommt?

Beraterische Basistriade/-pyramide und Dreieckskontrakt als Basistriangulierung der Supervision

Mit der Thematisierung des sogenannten »Dreieckskontraktes« ist die Organisation als der bis dahin verborgene und vernachlässigte Dritte in den Horizont der supervisorischen Selbstbeschreibung gekommen. Der Dreieckskontrakt gilt heute gemeinhin als der »Goldstandard« supervisorischer Praxis (Kallabis, 1992; Pühl, 2009; Kaldenkerken, 2014a), in Fortbildungscurricula ist er in der Regel ein fester Bestandteil. Er würdigt explizit den Umstand, dass in der Supervision drei Parteien eine triadische Beziehung auf Zeit eingehen. Bis in die 1980er Jahre hinein ist die supervisorische Praxis und das supervisorische Selbstverständnis meist als Beziehung zwischen zweien, also als dyadische Beziehung, konzipiert gewesen. Erst mit dem populärer Werden des Teams als Gegenstand und Setting kam die Organisation als Dritte in den Fokus beraterischer Aufmerksamkeit, weil in den Teamsupervisionen stärker auch Organisationsthemen zum Gegenstand wurden und weil spürbarer wurde, dass Reflexions- und Veränderungsgrenzen jene der Organisation spiegeln (Gotthardt-Lorenz, 1994).

Die lange Organisationsabstinenz der Supervision und ihre Folgen

Die lange Organisationsabstinenz mag ein Erbe der sozialen Arbeit als dem Ursprungsort der Supervision sein. Ein Gutteil der ersten sozialarbeiterisch und auch psychotherapeutisch geprägten Generationen von Supervisoren und Supervisorinnen konzeptualisierte Supervision nicht nur primär nach dem Modus einer dyadischen Hilfebeziehung. Die frühen Supervisorinnen waren durch die eigene Organisations- und Leitungsskepsis bis -ablehnung der organisationalen Dimension im Beratungsgeschehen gegenüber blind. Der durch die Studentenbewegung angestoßene emanzipatorische und auch subversive Impetus der Supervision produzierte hier ein besonderes Amalgam aus Sensibilität, Skepsis und Blindheit organisationalen und institutionellen Phänomenen gegenüber. So dauerte es für die Supervision, die »Institution selbst zu ihrem Klienten« zu machen (Weigand, 1987, S. 151), obgleich erste Impulse zur Institutionsberatung bereits Anfang der 1970er Jahre bestanden (Fürstenau, 1970).

Interessant ist zudem, dass die deutschsprachige Supervision nach dem Zweiten Weltkrieg eine andere Entwicklung als im angloamerikanischen Kontext genommen hat. Dort war Supervision vor allem Vorgesetztensupervision (Administrative Supervision), verbunden mit Überwachungs-, Kontroll- und Anleitungsaufgaben (Belardi, 1994), wodurch die Supervisorin selbst Organisationsagentin war. Die Position der Supervisorin als organisationsexterne, -fremde und unabhängige Akteurin hat möglicherweise auch dazu beigetragen, dass die Organisation als Dritte lange außen vor geblieben ist.

Gschosmann (2017) sieht durch die aktuellen Tendenzen der Ökonomisierung im Sozialsektor eine professionsimmanente Organisationsfeindlichkeit in der sozialen Arbeit sogar bis heute verstetigt, was sich in einem »Unbehagen mit dem Dreieckskontrakt« niederschlage. Paradoxerweise macht dies soziale Organisationen der Ökonomisierungslogik gegenüber womöglich besonders vulnerabel, sofern sie kein eigenes Organisationsverständnis entwickelt haben.

Der Supervisionskontrakt relationiert also drei Akteure – in der Regel die Supervisorin, den Supervisanden (Mitarbeiter/Professioneller/ Team) und die Führungskraft/Leitung als Repräsentant der Organisation. Wir haben es also spiegelbildlich, wie bei der arbeitsweltlichen Basistriade, mit einer beraterischen respektive supervisorischen Basistriade zu tun. Über sie konstituiert sich ebenfalls ein Drittes, hier der *Kontrakt,* als Ausdruck der supervisorischen Primäraufgabe, und somit die beraterische Basispyramide (siehe Abbildung 15).

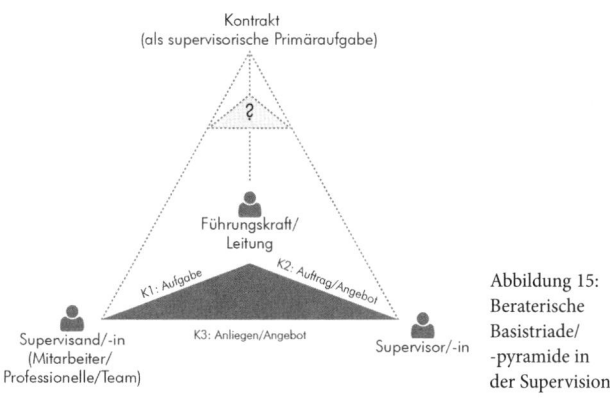

Abbildung 15: Beraterische Basistriade/ -pyramide in der Supervision

Wir müssen hier nicht im Einzelnen besprechen, was in einem Dreieckskontrakt zu regeln ist (Setting, Frequenz, Zeitrahmen, Geld, Teilnahme etc.; Obermeyer u. Pühl, 2015, S. 65 ff.). Wichtiger ist hier, festzuhalten, was zu beherzigen ist – nämlich seine genuin triadische Struktur. Das heißt zunächst einmal, dass die Supervisorin die Primäraufgabe der Organisation anerkennen können muss und umgekehrt, dass die Supervisorin als die hinzukommende Dritte nicht einfach einen ihr zugewiesenen Auftrag übernimmt, sondern der Kontrakt vielmehr nach allen Seiten der Triade hin ausgehandelt werden kann und muss. Dieser setzt sich, wie bei der organisationalen Primäraufgabe, ebenfalls aus drei Aspekten zusammen. Wir haben es ja auch hier mit unterschiedlichen Perspektiven auf den »Kontrakt« (K) zu tun:

- *K 1:* Zwischen *Leitung* und *Supervisanden* sollte zunächst einmal klar sein, ob und welche Erwartungen die Leitung z. B. dem supervidierten Team gegenüber hat, warum sie Supervision gewährt, zur Verfügung stellt oder gar fordert. Umgekehrt sollte eruiert werden, welche Erwartungen/Forderungen die Supervisanden (das Team) an die Leitung haben und stellen. Hier wird zwischen *Aufgabe und Anspruch* verhandelt, worum es gehen soll. Auch wenn die Supervisorin hier außen vor zu sein scheint, ist es für sie als Dritte doch von Belang, ob die Triade hier »geschlossen« ist (was in der Praxis des Öfteren nicht der Fall ist – siehe unten).
- *K 2:* Zwischen *Leitung* und *Supervisorin* geht es um die Frage, was die Leitung von der Supervision erwartet, womit sie die Supervisorin beauftragt *(Auftrag).* Dieser Auftrag wiederum muss sich mit dem *Angebot* der Supervisorin – was sie real anbieten kann und möchte – vermitteln. Hier werden Bewegungs- und Spielräume, aber auch die Offenheit oder Geschlossenheit von erwartbaren Ergebnissen kontraktiert. Die Frage ist auch hier, worum es gehen soll und worum nicht.
- *K 3:* Hier wird das/die *Anliege*n der Supervisanden mit dem *Angebot* der Supervisorin vermittelt und kontraktiert – worum soll es gehen? Nicht nur, welches Ergebnis, welche Ziele erreicht werden sollen, sondern auch, auf welche Weise und in welcher Rollenverantwortung gearbeitet wird.

Es wird deutlich, dass die Supervisorin als die hinzukommende Dritte nicht einfach Dienerin zweier Herren ist, sondern ein eigenes professionelles Mandat mit- und einbringt, das ihr eine »permanente Nachfrageanalyse« (Wellendorf, 2000) gestattet sowie diagnostischen Spielraum und methodische Beweglichkeit eröffnet. Das »Supervisionsspiel«: »Ich sehe was, was du nicht siehst« geht erst auf, wenn der Kontrakt es ermöglicht, die Spannung einer dritten Position einzunehmen, damit das zu beratende System über seine Eigendiagnosen und bisherigen Lösungsversuche hinauswachsen kann. Allerdings: Die Verantwortung, mit dieser eingeräumten Offenheit umzugehen, liegt zum Gutteil wieder bei der Supervisorin und kann und muss auch kontraktiert werden, indem z. B. geregelt wird, wie man mit Informationen, Wissen und Beobachtungen umgeht.

Dass das alles auch ein Minenfeld ist, in dem leicht die Perspektiven verrutschen und die Supervisorin »aus dem Winkel« geraten kann, darauf haben mehrere Autoren mit Nachdruck verwiesen. So sieht Leuschner etwa die Gefahr der zu schnellen Unterwerfung von Supervisorinnen und Supervisoren unter die Autorität der Leitung. Deshalb solle der Dreieckskontrakt zwischen Unabhängigkeit und Loyalität als ein »Findungsprozess« und nicht als eine »Problemübergabe« definiert werden (Leuschner, 2007, S. 18).

So wird auch immer wieder auf die Sorgfalt verwiesen, mit der in einer Einstiegsphase vor der eigentlichen Supervision mit den Beteiligten der Kontrakt verhandelt werden soll. Bereits darin, inwieweit eine gute Triangulierung in dieser Phase gelingt, spiegelt sich das supervisorische Verständnis, das berufliche Individuum oder das Team nicht isoliert zu betrachten, sondern in den organisationalen und auch gesellschaftlichen Kontext zu stellen und dem im Beratungsprozess Raum zu geben.

Selbst für den Fall, dass dies nicht gelingt, kann man davon ausgehen, dass es *keine kontraktlosen Zustände* gibt – allenfalls implizite, ungeprüfte und ungeklärte Annahmen von allen Seiten. Die Art der Kontraktgestaltung und auch Nicht-Gestaltung wirkt so oder so im weiteren Prozess (Kaldenkerken, 2014b, S. 91).

Der Kontrakt ist die Basistriangulierung in der Supervision, noch bevor die eigentliche Arbeit respektive Supervision beginnt. Wenn die triadische Kompetenz aller Beteiligten letztlich ein Ziel von Supervision ist, dann kann sie hier ein Vorbild und Modell sein.

Das ist freilich ein Ideal, und die Praxis weicht davon mitunter erheblich ab. Der Dreieckskontrakt wird in der Literatur mit einer gewissen, Ehrfurcht gebietenden, Strenge vorgetragen, die gerade Novizen des Fachs beeindruckt (und beeindrucken soll) und zu ihrer professionellen Über-Ich-Bildung beiträgt. Es gibt jedoch mindestens zwei Typen von Abweichung vom Standardmodell:

- Die eine beruht auf Unachtsamkeit, Trägheit, Aufwandserwägungen oder auch Autoritätsfurcht aufseiten der Supervisorinnen und Supervisoren. Sie verhindert, die Kontakt- und Kontraktaufnahme zum Dritten forciert zu betreiben. Aber auch Desinteresse, Gleichgültigkeit oder fehlende Sensibilität für die triadische Brisanz des Kontraktes aufseiten der Auftraggeber kann hier ein Grund sein (»Warum soll ich mit der Supervisorin reden? Sie soll ins Team gehen und ihre Supervision machen!«). Da es aber keine »kontraktlosen Zustände« gibt, ist diese Situation nachgerade Ausdruck einer nicht triangulierten Situation zwischen den Beteiligten.
- Die andere Abweichung vom Standardmodell mag eher strukturelle Gründe haben: Ein Team verwaltet sein Supervisionsbudget selbst, ein Einzelsupervisand fragt als Selbstzahler an, ein Geschäftsführer verwaltet zig Teams und ist nur formal die dritte Instanz im Vertrag (er unterschreibt), der eigentliche Teamleiter ist Teil des Supervisionsteams. Was ist hier mit dem Dreieckskontrakt, wenn es für die Supervisorin augenscheinlich nur *ein* Gegenüber gibt? In solchen Fällen handelt es sich entweder darum, dass ein Dritter nicht anwesend ist oder in Personalunion von einem Kontraktpartner (der selbstzahlende Einzelsupervisand) vertreten wird. Gleichwohl ändert all dies nichts an der triadischen Struktur des Kontraktes zwischen zweien. Mehr noch: Es stellt eher noch erhöhte Anforderungen an die triadische Sensibilität der Beteiligten, sie wird z. B. dann gefordert, wenn ein Einzelsupervisand aus der Klienten- in die Kundenrolle schlüpft, weil er die tatsächlich oder vermeintlich fehlenden Ergebnisse der Beratung reklamiert oder schlicht und einfach ob seiner begrenzten finanziellen Mittel den Rahmen der Supervision neu verhandeln möchte (muss).

So oder so – auch die möglichen subjektiv und objektiv bedingten Abweichungen vom Standardmodell des Dreieckskontraktes setzen diesen nicht außer Kraft. Im Gegenteil: Sie lassen ihn als beraterische Triade in der Supervision wirksam bleiben. Man kann und muss damit leben …

Vollständige und nicht vollständige Triaden sowie nicht anwesende Dritte

Bringen wir Frau Schmidt als Familienhelferin wieder ins Spiel, so treffen wir jetzt auf Herrn Lehmann, den Supervisor des Teams von Frau Schmidt. Er ist auf Empfehlung von Frau Schmidt zum Supervisor des Teams geworden. Sie kennen sich aus einem früheren Supervisionskontext, als Frau Schmidt noch Studierende der Sozialen Arbeit war. Seit einem halben Jahr begleitet er das Team. Es ist vereinbart worden, je nach Bedarf vor allem Fall- aber auch Teamsupervision durchzuführen.

In einem Erstgespräch mit der Teamleiterin hat Herr Lehmann Anliegen und Bedarfe für die Supervision aus Sicht der Teamleiterin besprochen. Ihre Erwartungen bestanden darin, vor allem Fallsupervision durchzuführen. Aber auch die aktuelle Situation des Teams sollte Thema sein können, da sich dieses in den letzten Monaten sehr verjüngt habe. Vor allem die neuen Kolleginnen und Kollegen bräuchten Unterstützung, gut in ihre Rollen zu kommen. Herr Lehmann fragte in diesem Gespräch, ob die Leiterin denke, dass das Team seine Bedarfe auch so sehe wie sie als Leiterin, was diese ausdrücklich bejahte. Verabredet wurde, turnusmäßig Feedback- und Bilanzgespräche durchzuführen, um zu schauen, wie und ob man die Supervision fortsetze.

In einer ersten Supervisionssitzung klärte Herr Lehmann dann auch den Kontrakt mit dem Team. Er machte zunächst transparent, was er mit der Leiterin besprochen hatte, um so dann mit dem Team zu klären, was dessen Anliegen sei und wie sich diese mit denen der Leiterin decke. Auf den ersten Blick schien auch alles gut zu passen. Nach der ersten Supervision war von beiden Seiten ein Gefühl für eine funktionierende Arbeitsbeziehung (Arbeitsbündnis) entstanden. Der Kontrakt wurde zwischen allen Dreien geschlossen, der Vertrag unterschrieben, der Dreiecksvertrag schien perfekt. So hatte Herr Lehmann den Eindruck von Stimmigkeit und Lust, mit einem supervisionsoffenen Team und einer supervisionserfahrenen Leiterin im Hintergrund zu arbeiten.

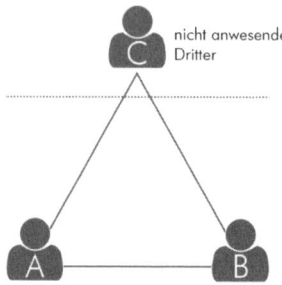

Abbildung 16: Unvollständige Triade unter Bedingungen eines nicht anwesenden Dritten

Bis hierhin wurde ein Dreieckskontrakt zwischen allen drei relevanten Akteuren geschlossen. Insofern handelt es sich auf der Ebene der Kontraktschließung um eine *vollständige Triade,* und wir können davon ausgehen, dass die beraterische Basistriangulation soweit hergestellt worden ist. Mit der Entscheidung jedoch, das Team zunächst ohne die Teamleiterin zu supervidieren, ist die Konsequenz verbunden, die Supervision im Rahmen einer *unvollständigen Triade* durchzuführen. Bei der Kontraktierung war die Leiterin involviert, in der Supervision ist sie indessen die *nicht anwesende* Dritte.[12] Die Supervision wird sozusagen unter den Bedingungen eines nicht anwesenden Dritten durchgeführt. Die Triade wird dann erst wieder in den gelegentlich vereinbarten Feedback- und Bilanzgesprächen des Supervisors mit der Leiterin vervollständigt und geschlossen, in der aber dann das Team in diese Position des Ausschlusses gerät (siehe Abbildung 16).

Das ist keine untypische Konstellation in der Praxis, die in vielen Fällen auch Sinn macht. Nur: Sie führt systematisch zu Konstellationen, die eine gewisse triadische Brisanz haben und vor allem von der Supervisorin eine entsprechende Achtsamkeit erfordern, weil es schnell zu ausschließenden Koalitionsbeziehungen führen kann. Spielen wir einmal für die beraterische Basistriade durch, was es heißt, wenn jeder der drei Akteure in die Position des nicht anwesenden Dritten gerät:

---

12 Theoretisch gilt das freilich auch für strukturell »fernere« Leiter. Immer wenn in der Teamsupervision Belange thematisiert werden, die die Leitung als relevanten Dritten, der nicht anwesend ist, tangieren, dann bewegt sich die Supervision im Raum einer unvollständigen Triade und in einer triadisch relevanten Situation dem nicht anwesenden Dritten gegenüber.

1. In der unmittelbaren *Beratungsbeziehung zwischen Team und Supervisor* wird der Bezug zum nicht anwesenden Dritten in dem Maße virulent, in dem das Team seinen Klärungsprozess über die Erledigung der Aufgaben, die Qualität der Arbeit, die Beziehungen mit der Klientel, die Dynamik im Team und erst recht zu Führungs- und Leitungserwartungen usw. ohne seine Anwesenheit vornimmt. Hier hat die Supervisorin nicht nur die Aufgabe, ein solches Thema aufzunehmen und zu kanalisieren, gegebenenfalls auch negative Affekte gegen die Leitung zu containen, sondern auch für eine achtsame Kultur des Redens über Dritte zu sensibilisieren. Hinzu kommt, dass die Stelle der Leitung situativ *vakant* ist. So übernimmt der Supervisor zeitweilig faktisch Leitungsaufgaben oder wird mit latenten Erwartungen des Teams, er täte es gut und besser, konfrontiert, was die exklusive Führungsposition der Leitung partiell infrage stellt. Erst recht dann, wenn sich der Supervisor für einen gewissen Zeitraum dem Team als eine Art »verständnisvolle Leitung« zur Verfügung stellt und für die Verführung, die davon ausgeht, seinerseits empfänglich ist.
Aber auch für die nicht anwesende Leitungsperson hat das Setting der unvollständigen Triade Relevanz. So muss sie nicht nur die Vorstellung ertragen, dass in der Supervision über sie gesprochen und das Team möglicherweise »über sie herziehen« wird. Sie wird vielleicht auch die latente Konkurrenz mit dem Supervisor als die »verständnisvollere Leitung« umtreiben. Wird er sich mit dem Team gegen die Leitung verbünden und damit die Konfrontation eher verstärken als das Team auf dessen Aufgaben und die übergeordneten Belange der Organisation einzuschwören? Mit dieser Ungewissheit muss die Leitung leben und darauf vertrauen, dass das, was Team und Supervisor miteinander verhandeln, im Interesse der Organisation und der Kooperation mit der Leitung ist.
2. Durch die *Beziehung zwischen Leitung und Supervisor* wird im Rahmen der Feedback- und Bilanzierungsgespräche außerhalb des unmittelbaren Supervisionssettings die Triade zu dieser Seite hin geschlossen und zur Seite des Teams geöffnet. Hier ist das

Team der nicht anwesende Dritte. Es muss sich damit abfinden, dass der Supervisor nicht nur mit ihm arbeitet, sondern sich mit Leitungspersonen über die Situation in der Organisation und auch darüber, in welcher Weise die Supervision für die Organisation und für das Team sinnvoll sein kann, verständigt. Das Team muss realisieren, dass seine Beziehung zum Supervisor – obgleich dessen Kontakte zur Leitung nur sporadisch stattfinden – nicht so exklusiv ist, wie es das vielleicht gedacht oder erhofft hat. Triadische Beziehungen gehen unausweichlich Hand in Hand damit, den anderen mit einem Dritten zu »teilen« bzw. dem anderen das Recht auf eine eigenständige Beziehung zuzusprechen. Auch damit öffnet sich ein weites Feld für Fantasien: Welche Informationen wird der Supervisor über das Team kolportieren? Wie loyal geht er mit der Offenheit um, die für den Supervisionsprozess eine Voraussetzung ist? Was weiß er über Vorgänge und Entwicklungen in der Organisation, von denen er dem Team vielleicht nichts mitteilt? Aber auch: Wird er sich für das Team bei der Leitung einsetzen und die Dinge in dessen Sinne klären? Hier mischen sich nicht selten regressive Befürchtungen des Verratenwerdens mit Erwartungen und Aufträgen an den »Interimsleiter«, das Team zu schützen und zu verteidigen.

3. In der *Beziehung zwischen Leitung und Team* schließlich ist der Supervisor damit konfrontiert, dass er nur ein Teil der beraterischen, aber nicht der organisationalen Triade ist. Er hat hier nicht nur die Position des nicht anwesenden Dritten, sondern obendrein von allen dreien eigentlich die schwächste Position. Wenn es hart auf hart kommt, ist die organisationale Triade die stabilere und machtvollere. Das Team und die Leitung können ihm die Tür weisen, sobald ihnen seine Arbeit nicht passt oder zu unangenehm wird. Sein realer Einfluss stößt sich hier zuweilen hart und schroff an den nackten Tatsachen organisationaler Macht. Seine Ausgeschlossenheit aus dem »Verkehr« zwischen Leitung und Team stellt die Toleranz des Supervisors bezüglich dessen Größenfantasien und Wirksamkeitswünsche beständig auf eine harte Probe. Das

mag ihn als eine »triadische Grundangst« des Ausgeschlossenseins umtreiben (Pühl, 2012, S. 16). Er kann zwar mit Team und Leitung konflikthafte Themen besprechen, bleibt aber bezüglich der wesentlichen Frage außen vor, wie jene sich im Arbeitsalltag tatsächlich begegnen und ihre Grenzen managen. Er mag sich aber auch fragen, was ihm von dem, was die Beziehung der beiden anderen Akteure des Dreiecks prägt, eigentlich verborgen bleibt und bleiben soll. Er spürt mitunter, dass in der Arbeits- und Beziehungsgestaltung zwischen Leitungsperson(en) und dem Team Dinge eine Rolle spielen, von denen er nichts weiß und die er auch nicht zu entschlüsseln vermag.

Es wird deutlich, welche Anforderungen die Konstellationen in einer *unvollständigen Triade* durch die Position eines *nicht anwesenden Dritten* an alle Beteiligten stellen und in die im Übrigen auch jede der beteiligten Parteien potenziell gerät respektive geraten kann.

Wir haben hier vor allem die triadischen Beziehungen zwischen Leitung, Team und Supervisor im Blick gehabt. Die gleichen Konstellationen können sich freilich auch im Team zwischen unterschiedlichen Mitarbeitenden ergeben, wenn beispielsweise nicht anwesende Kolleginnen und Kollegen in der Supervision zum Thema werden, was in konflikthaften Teamsituationen nicht selten der Fall ist. Auch hier hätten wir es mit der Position eines nicht anwesenden Dritten zu tun, die dynamisch ähnlich, wie eben beschrieben, wirken dürfte.[13]

Es obliegt zum Gutteil der triangulären Kompetenz des Supervisors, die Triade so zu balancieren, dass destruktive Potenziale gebunden und mögliche Schieflagen in der beraterischen Triade reflexiv aufgenommen werden können. Im Fall des Gelingens, auch in schwierigen Situationen, kann das darüber hinaus modellhaft für gute triangulierte Verhältnisse auch in der organisationalen Triade sein.

---

13 Sylvia Hüttig-Rieck (2017) beschreibt an einem Beispiel plastisch, welche triangulären Anforderungen an die Supervisorin/den Supervisor erwachsen, wenn sie/er einen komplexen Auftrag über mehrere Organisationsebenen hinweg kontraktiert und damit sozusagen ebenenspezifische Kontrakte abschließt.

Was geschieht jedoch im Fall einer *vollständigen Triade,* wenn die Supervision in Anwesenheit oder Beteiligung der Teamleitung durchgeführt wird?

In unserem Beispiel hatte sich in der Tat alsbald gezeigt, dass es im Team Unmut über die Leiterin gab und dieser zunehmend an Herrn Lehmann als Supervisor mit der unausgesprochenen Erwartung der klärenden Weitergabe des Problems an die Teamleiterin adressiert wurde. Die damit drohende triadische Schieflage thematisierend, schlug Herr Lehman die Teilnahme der Leiterin an der Supervision vor, was nach beiden Seiten hin schnell Zustimmung fand.

Im Unterschied zu der oben skizzierten Konstellation haben wir es nun mit einer vollständigen Triade ohne die Ausschlussposition eines Dritten zu tun. Aber was bedeutet das für die Beteiligten? Es ändert zunächst nichts an der triadischen Grundkonstellation, nur, dass die Möglichkeit oder auch Zumutung des permanenten Zugegenseins aller die Situation massiv verändert. Es macht aus der zuvor bestehenden Position des nicht anwesenden Dritten den des anwesenden Beobachters. Mehr noch: Alle drei sind potenziell in der Position des Beobachtungsobjektes und -subjektes. Sie agieren nicht nur im Bewusstsein, dass das so ist, sondern auch in der vergleichenden Wahrnehmung, wie sich das Verhalten des anderen ihnen gegenüber angesichts der Zeugenschaft des Dritten möglicherweise ändert. Wie verhält sich der andere mir gegenüber dank der Anwesenheit des Dritten? So mag es für das Team eine Rolle spielen, wie sich ihre Leitung angesichts der situativen Präsenz des Supervisors ihnen gegenüber verhält. Oder auch umgekehrt: Die Leitung mag ihr Team nicht nur in Relation zum Supervisor sehen (beobachten), sondern auch unter der Optik der möglichen Wirkung seiner Präsenz auf das Teamverhalten. Auch der Supervisor schöpft aus der Zugänglichkeit zu einem Stück Interaktionsrealität zwischen Team und Leitung, sollte aber die Wirkung seiner Anwesenheit darauf in Rechnung stellen. Und vor allem: Wird für Leitung und Team die offen sichtbare Loyalität des

Supervisors beiden gegenüber ein wichtiges Kriterium für das Einlassen auf die Supervision sein?

Dass dies möglicherweise alles auch eine Quelle von Fehlwahrnehmungen, Zuschreibungen und Unterstellungen ist, kann man getrost annehmen. Entscheidender ist hier, dass durch die hinzukommende Anwesenheit eines Dritten eine Art triadische Binnenöffentlichkeit sich überblendender Perspektiven entsteht. Dies verlangt vor allem aus der Position des Supervisors, mögliche Irritationen, die sich daraus ergeben, zu thematisieren, eigene zur Verfügung zu stellen und vor allem die nicht leichte Übung, immer wieder »den Winkel zu halten«.

4 Triadisches Arbeiten in der Supervision

Bis hierhin haben wir die Bedeutung einer triadischen Perspektive für die Supervision nur insoweit verfolgt, als der Supervisor selbst Teil triadischer Beziehungen geworden ist und darin agiert. Er ist hier arbeitsweltlicher Akteur, der seine Beratungsleistung anbietet und kontraktiert. Dabei ist er ein Dritter oder in seinem beraterischen Handeln und Erleben auf einen Dritten (z. B. die Leitung) aber auch auf ein Drittes (z. B. den Kontrakt, Primäraufgabe der Organisation) bezogen. *Triadisches Arbeiten* hieß bis hierin, die relevanten triadischen Beziehungen, an denen der Supervisor als Akteur selbst beteiligt ist, zu balancieren, »Winkel haltend« respektive triangulierend einzugreifen und – was eine wichtige Voraussetzung dafür ist – dabei innerlich (kognitiv und emotional) gut trianguliert zu sein: Er muss so seine eigenen arbeitsweltlichen Triaden regulieren.

Interessant ist, dass bislang in der supervisorischen Literatur vor allem diese Seite des Triadischen reflektiert worden ist. Eine andere, zweite Seite indessen weniger: Wie in der Supervision selbst, z. B. im Kontext der Fallbearbeitung, mit den Anliegen der Supervisandinnen und Supervisanden triadisch gearbeitet wird. Das eingebrachte Anliegen (z. B. als Fall) ist *das Dritte,* auf das Supervisor und Supervisand/-in bezogen sind. In ihm scheinen die lebens- und arbeitsweltlichen Triaden auf, die wir oben skizziert haben und können hier rekonstruiert werden.

Bislang haben wir versucht, die lebensweltlichen, arbeitsweltlichen und beraterischen Triaden sozusagen »als solche« zu skizzieren, ohne bereits die beraterische respektive supervisorische Brille aufzusetzen.

Jetzt setzen wir diese Brille auf und nehmen aus einer reflexiven Perspektive Bezug auf unser Grundmodell der Ebenen triadischer Wirklichkeit – indem diese nämlich jetzt zum Gegenstand, zum Material und Stoff supervisorischer Reflexion und Thematisierung werden (siehe Abbildung 17).

Supervision, wie Beratung überhaupt, ist immer nur Wirklichkeit aus zweiter Hand, in narrativer und symbolischer Form. Insofern geht es im beraterischen Kontext nicht wirklich um ein direktes Bearbeiten von und ein Eingreifen *in* lebensweltliche(r) und arbeitsweltliche(r) Praxis. Das können nur die Akteure vor Ort. Es geht allenfalls um deren *Thematisierung*. Wenn wir, wie oben getan, triadische Strukturen in diesen Praxen unterstellen, so geht es im Weiteren darum, wie diese in der Supervision thematisiert und insofern *reflexiv bearbeitet* werden können.

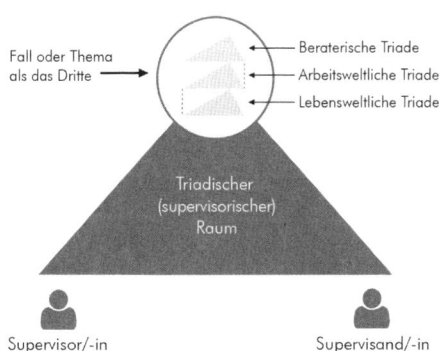

Abbildung 17:
Die Thematisierung der unterschiedlichen triadischen Realitäten als das Dritte (Fall oder Thema) in der Supervision

4.1 Die supervisorische Thematisierung lebensweltlicher Triaden

Der materiale Gehalt supervisorischer Anliegen (z. B. als Fall) bezieht sich in der Supervision zum Gutteil auf lebensweltliche Konstellationen, mit denen Helfer (allgemein Beziehungsarbeitende) in ihrer Arbeitswelt konfrontiert sind.[14] Sie gehen ein Arbeitsbündnis ein, um eine prekär gewordene und krisenhafte Lebenspraxis soweit (wieder) »in Ordnung« zu bringen, dass die Klientinnen und Klienten wieder selbstbestimmter oder mit weniger sozialen und kommunikativen Kosten und Negativfolgen handeln können (was das auch immer im Einzelnen heißen mag). Dabei geraten auch professionelle Helfer nicht selten an Grenzen des Verstehens und an Grenzen der eigenen Wirksamkeit. Eine Rekonstruktion lebensweltlicher, mithin familiärer Konstellationen in der Supervision kann helfen, hier wieder einen klareren Blick auf die lebensweltliche Situation, aber auch auf Möglichkeiten der triadischen Verwicklungen in diese zu bekommen, die die Bewegungsfreiheit der Helfer einschränkt.

Die supervisorische Ermöglichung triadischen Verstehens lebensweltlicher Situationen

Erinnern wir uns an unsere Beispielfamilie Müller, die in einer belastenden Situation zum »Fall« für sozialpädagogische Familienhilfe und damit von Frau Schmidt geworden ist. Im Fokus stand René mit seinen diversen sich kreuzenden, widersprüchlichen, affektiv aufgeladenen wie ambivalenten Beziehungen zu seiner nunmehr getrennten Ursprungsfamilie, zu den neuen Partnern der Eltern, den neuen Halbgeschwistern etc. Zudem war René in das Fadenkreuz von Ansprüchen und Erwartungen zwischen Familie, Schule und seinen Peers (»Kumpels«) geraten. Aber auch Frau Müller, die Mutter von René, bedurfte der Stärkung ihrer Erziehungskompetenz, der Bewältigung des Familienalltags und auch der alltäglichen Unterstützung in der Beziehungsregulation mit ihrem Ex-Mann (dem Vater von René), ihrem Lebenspartner Bernd (Vater der gemeinsamen Tochter Anna) und mit der nach wie vor übergriffigen Großmutter (Mutter von Frau Müller) usw.

---

14 Freilich *müssen* supervisorische Anliegen nicht diesen Bezug zu lebensweltlichen Problemen haben, da sich Supervision inzwischen auch in Arbeitsfeldern etabliert hat, wo die Klientenarbeit nicht primär im Fokus steht.

Nun ist aber nicht die Familie Müller sondern Frau Schmidt Supervisandin in der Supervision mit Herrn Lehmann. Der Fall, den Frau Schmidt in die Supervisionssitzung mit dem Team einbringen möchte, ist die aktuelle Situation der Familie Müller. Das Problem, welches Frau Schmidt schildert, ist, dass es »momentan sehr zugespitzt« sei und sie »gerade nicht mehr richtig durchblicke«. Ihr Wunsch sei, es »klarer zu sehen« und wieder »sicherer zu werden« in dem, was ihr »Auftrag« sei. Über Frau Schmidt wird Familie Müller also indirekt zum Fall für die Supervision.

Der Supervisor, Herr Lehmann, weiß, dass es sich hier um eine supervisorische Standardsituation handelt, in der eine Supervisandin den Überblick über die lebensweltlichen bzw. familiären Dynamiken ihres Arbeitsgegenstandes verloren hat. Er entscheidet sich fürs Erste, den Fall in seiner triadischen Struktur freizulegen und zu rekonstruieren. Was könnte aus dieser Perspektive für die Supervisandin in der Fallarbeit hilfreich sein?

Zunächst würde es Sinn machen, den Fall in seiner triadischen Struktur zu beschreiben, so oder so ähnlich, wie wir das oben in Unterkapitel 3.2 und Abbildung 9 bereits getan haben. Das hieße, relevante (primäre wie sekundäre) Triaden des Familiensystems zu identifizieren, dabei auch zu entscheiden, aus welcher Perspektive – aus der von René, aus der der Mutter – diese Rekonstruktion primär oder auch alterierend erfolgen soll. Sodann könnte deutlich werden, welche triadischen Beziehungen durch problematische Koalitionsbildungen, durch Ausschlüsse eines relevanten Dritten und durch polarisierende Spaltungen belastet sind. Wir hatten für Familie Müller gesehen, wie hier die »Konkurrenzdynamik der Mütter« und die »der Väter« um René in den sekundären Triaden die Beteiligten überfordern und das Familiensystem belasten. Für Frau Schmidt als Supervisandin ist diese triadische Rekonstruktion insofern erhellend, als sie ihr einen strukturellen Überblick verschafft, und sie dadurch Dinge in den Blick bekommt, die sie bislang noch gar nicht wahrgenommen hat – wie die sekundären triadischen Spannungen der Mütter- und Väterkonkurrenz in ihrer Wirkung auf Renés Position in seinen beiden Stieffamilien. Ein weiterer Fokus in der Supervision könnte sichtbar werden lassen, in welchen Loyalitätskonflikten und triadischen Spannungen René in der Triade zwischen Familie, Schule und Peers steckt. Seine Devianz könnte als problematischer Versuch verstanden werden, seinerseits »den Winkel zu halten« etc.

All dies ist keine direkte Arbeit mit der Familie, es ist vielmehr eine Arbeit mit einem oder mehreren *nicht anwesenden Dritten,* denen im triadischen Raum der Supervision eine virtuelle Position eingeräumt wird und werden muss. Wie das methodisch auch immer realisiert wird, ob durch andere Supervisionsteilnehmende oder durch den Supervisor selbst, die nicht anwesenden Dritten brauchen eine sie vertretende respektive stellvertretende Präsenz, um die triadischen Verhältnisse in der Lebenswelt zumindest hypothetisch sichtbarer zu machen. In der Supervision wird somit ein *triadisches Wissen* (als Wissen über die triadischen Verhältnisse) generiert, welches Frau Schmidt ein besseres *triadisches Verstehen lebensweltlicher Situationen* ermöglicht. Es ist aber zunächst nur *ihr* Verstehen und *ihr* Wissen.

Wie dieses wiederum in die Lebenswelt der Familie vor Ort transferiert wird, ist eine andere, aber nicht minder wichtige Frage – schließlich hat dieses Wissen das Potenzial zur triadischen Selbstaufklärung und zur Stärkung der triangulären Kompetenz in der Lebenswelt und damit für die lebensweltlichen Akteure. Ob und auf welche Weise das geschieht, ist freilich eine Frage jenseits des triadischen Raumes der Supervision. Das wird Frau Schmidt nun nicht mehr als Supervisandin, sondern als Professionelle in ihrer beruflichen Praxis – dann im triadischen Raum mit der Familie als Arbeit am Dritten – verhandeln.

Die supervisorische Auflösung von professionellen Verwicklungen in lebensweltlichen Triaden

Frau Schmidt hat bei ihrer Fallpräsentation nicht nur die fehlende Klarheit über die Situation beschrieben, sondern dass sie selbst »irgendwie zwischen die Fronten geraten« sei und nicht mehr wisse, »wo sie steht«. Offenbar hatte sie sich in die triadischen Spannungen der Familie Müller auf eine Weise verfangen und verwickelt, die sie in ihrer professionellen Autonomie und Wirksamkeit einschränkt und begrenzt. Im Fortgang der Supervisionssitzung bringt eine Aufstellung, die der Supervisor anregt und durchführt, Erhellung und Entlastung. Es wird für Frau Schmidt sicht- und spürbar, wie sie in ihrem Doppelauftrag versucht hat, sowohl die Mutter als auch René zu unterstützen, inzwischen aber in eine Loyalitätsfalle geraten ist. Sie merkt, dass sie durch die Zuspitzungen in letzter Zeit, vor allem zwischen Mutter und Sohn, nicht mehr wirklich gut vermitteln kann – beide entweder auf Distanz zu ihr gehen oder sie auf ihre Seite zu ziehen versuchen. Schlagartig wird ihr klar, dass es noch mehrere solche Konstellationen und Baustellen gibt: Auch die Vermittlung zwischen den »konkurrierenden Müttern« fordere sie sehr, hier gelänge es ihr aber, einen guten Draht zu beiden zu haben. Die Väterkonkurrenz sei sie erst gar nicht angegangen, und es wird in der Sitzung deutlich, dass sie dieser triadischen Spannung bislang aktiv ausgewichen ist.

Hier werden nicht nur die triadischen Verhältnisse in der Familie Müller transparenter, sondern auch, wie die Professionelle sich aktiv in diese verwickelt hat und passiv in diese verwickelt wurde. Ihr Versuch etwa, den »Winkel« zwischen Mutter und Sohn zu halten, hat mit der Zeit aus einem »Sowohl-als-auch« ein unerträgliches wie unproduktives oszillierendes »Entweder-oder« werden lassen. Hier wird auch noch einmal deutlich, wie in der professionellen Fallarbeit lebens- und arbeitsweltliche Beziehungen miteinander verschränkt sind.

Was ist die mögliche Auf-Lösung dieser Spannung? Zunächst das Wissen darum! Es könnte der Helferin ermöglichen, ihren inneren triangulären Raum zu restrukturieren, um damit die emotionalen Spannungen und kognitiven Dissonanzen besser auszubalancieren und den Beteiligten gegenüber klarer in ihrer Kommunikation zu werden. Es könnte aber auch helfen, und das war hier letztlich die hilfreiche Einsicht, den schier unerfüllbaren Doppelauftrag durch die Organisation aufzulösen – durch das Hinzuziehen einer zweiten Professionellen, die René eindeutiger (z. B. als Erziehungsbeistand) zur Seite steht. Damit wäre fürs Erste die triadische Verwicklung aufgelöst, allerdings ersetzt und erweitert durch die Aufgabe, sich künftig mit einer zweiten Professionellen gut zu triangulieren.

4.2 Die supervisorische Thematisierung arbeitsweltlicher Triaden

Die supervisorische Thematisierung arbeitsweltlicher Triaden wird ebenfalls zu einem *besseren triadischen Verstehen* von Arbeitsbeziehungen und zu einer *Auflösung möglicher triadischer Verwicklungen* zwischen den Professionellen, im Team, zwischen Führung und Team, in aber auch außerhalb der eigenen Organisation führen. Diese sind in der Praxis jedoch so vielfältig, dass wir hier exemplarisch nur drei typische Konstellationen skizzieren wollen, wie sie in der Fallarbeit oder bei der Thematisierung von Arbeitsbeziehungen in der Supervision vorkommen.

Wenn der oder das Dritte aus dem Blick gerät – und supervisorisch wieder in den Fokus kommt

Dass Arbeitsbeziehungen nicht einfach nur »Beziehungen« sind, sondern auf eine Primäraufgabe (als *dem* Dritten) bezogen sind, haben wir oben hinreichend geklärt, und es gehört inzwischen zum Kernbestand supervisorischen Denkens (Es sollte zumindest dazu gehören!). Nichtsdestotrotz gerät es in der arbeitsweltlichen Praxis nicht selten aus dem Blick (Tietel, 2009). So macht es supervisorisch Sinn, dieses Aus-dem-Blick-Geraten zu thematisieren und damit dem Dritten eine angemessene Präsenz, einen signifikanten Platz (wieder) einzuräumen.

Für Frau Schmidt war es deswegen in der Supervisionssitzung hilfreich, ihren organisationalen »Auftrag« noch einmal zu hinterfragen, um für sich auf einer professionellen Ebene entscheidbar zu machen, ob sie eher bei der Mutter oder bei René steht oder stehen sollte. Damit war die Entscheidung zunächst aus einer bloßen Beziehungsdynamik – ob sie sich etwa der Mutter oder René »näher oder verbundener fühle« – befreit. Die supervisorische Wiedereinführung des Dritten war hier eine Art triangulierende Maßstabsetzung, die ein objektivierendes Kriterium für die Beantwortung dieser wichtigen Frage verfügbar gemacht hat. Davon unbenommen bleibt freilich, ob Frau Schmidt ihre Übertragungen (die aus ihren eigenen lebensweltlich-biografischen Triaden herrühren) auf den Sohn René und die Mutter als Mutter derart im Wege stehen, dass sie den Auftrag »so« nicht mehr durchführen kann. Auch dies kann in der Supervisionssitzung besprochen werden, der Maßstab für eine solche Entscheidung bliebe auch hier letztlich der Auftrag (also wieder *das* »Dritte«).

Teamsupervisionen, in denen eher die Arbeitsbeziehungen der Mitarbeitenden als Kolleginnen und Kollegen thematisiert werden, profitieren also von einer Rejustierung auf das Dritte oder die Dritten. Fragen der gegenseitigen Wertschätzung und Anerkennung, des Gesehenwerdens und Würdigens von sachlichen wie emotionalen Beiträgen für die gemeinsame Arbeit geraten mitunter zu einem Maßstab entbundenen und »bodenlosen« Räsonierens und Einklagens nicht befriedigter Beziehungsbedürfnisse und vermeintlich zurückgewiesener Beziehungsangebote. Ohne diese Ebene der Arbeitsbeziehungen geringzuschätzen, geraten hier nicht selten in der Dynamik des Teams – und wenn man nicht aufpasst, auch in der Supervision – das Dritte (die Arbeitsaufgabe) oder die Dritten (die Klienten) aus dem Blick.[15]

---

15 Es liegt nahe, dass dies in psychosozialen Teams öfter zu beobachten ist als etwa in Teams aus dem produktiven oder Profitbereich. Das liegt an der Primäraufgabe des psychosozialen Teams selbst und dem damit verbundenen Phänomen, dass der Modus der Beziehungsarbeit in der Lebenswelt der Klientinnen und Klienten in die Arbeitsbeziehungen im Team, in der Organisation quasi hinein kopiert (gespiegelt) wird. Zudem gibt es in allen Arbeitsteams neben der Primäraufgabe auch Sekundär- und Tertiäraufgaben: So besteht die Aufgabe neben der eigentlichen Sachaufgabe darin, die eigene Arbeit zu koordinieren und zu managen und schließlich auch den Beziehungen, der Kommunikationskultur genügend Raum und Achtsamkeit zu schenken.

Der Ausschluss eines relevanten Dritten – und die stellvertretende Triangulierung durch den Supervisor

In den organisationalen Arbeitsbeziehungen – in Teams, zwischen Leitung und Team, zwischen Führungsebenen und -positionen oder auch an der Peripherie der Organisation – geraten relevante Dritte nicht nur aus dem Blick. Sie werden vielmehr zum Objekt von Zuschreibungen und Projektionen, gegen die sich koalierend zusammengeschlossen oder im schlimmsten Fall sogar intrigierend und Ränke schmiedend zusammengerottet wird. Dass es sich dabei in der Regel um »relevante Dritte« handelt, die eine gewisse triadische Relevanz haben, um die man sozusagen nicht umhinkommt, liegt auf der Hand. Anders ließe sich die negative Verve, mit der sie mental, affektiv und kommunikativ präsent sind und präsentiert werden, nicht erklären. Wären sie zugegen, hätte man es mit einer mehr oder weniger offenen Konfliktsituation zu tun. So sind sie aufgrund ihrer persönlichen Abwesenheit nur in »entstellter« Form präsent. Sie haben keine eigene Stimme, ihnen wird eher eine fremde verliehen, mit der aber jene sprechen, die mit ihnen in eine affektive Verwicklung geraten sind. Dabei ist nicht die fehlende Anwesenheit eines relevanten Dritten das Problem – was aus praktischen wie organisationalen Gründen manchmal auch gar nicht anders geht –, sondern ihre Anwesenheit in den Schilderungen und Projektionen anderer, also ihre »präsente Nichtpräsenz«. Da ist der blöde Chef, die renitente Kollegin, die bockbeinige Klientin, der inkompetente Kollege aus der Abteilung X oder die begriffsstutzige wie machtbesessene Mitarbeiterin aus dem Amt.

Herr Lehmann hat mit dem Supervisionsteam von Frau Schmidt mehrere solche kritischen Situationen in der Supervision erlebt und schließlich gut bearbeiten können. Das betraf die Unzufriedenheit mit der Teamleiterin (siehe oben), die zwischenzeitlich zu starken affektiven Entladungen im Team und »bösen Unterstellungen« gegen die Leiterin geführt hatte. Und es betraf eine extraorganisationale Mitarbeiterin aus dem Jugendamt, die willkürlich, unsensibel und machtbesessen agiere. In beiden Fällen war es jedoch nach mehreren Anläufen gelungen, beiden Dritten in der Supervision eine andere, weniger verzerrte Präsenz zu ermöglichen und sie als Akteure sichtbar werden zu lassen, die trotz unleugbarer »Fehler« aus guten Gründen handeln. Durch die dann erst mögliche Teilnahme der Leiterin an der Teamsupervision konnte das Problem schließlich als Konflikt offen bearbeitet werden.

Supervisorisch hat sich hier etwas ereignet, was wir als »stellvertretende Triangulierung« bezeichnet haben. Der Supervisor übernimmt passager die durch die Teammitglieder oder einzelne Akteure nicht erfolgende und subjektiv nicht mögliche Triangulierung, indem er dem ausgeschlossenen Dritten eine stellvertretende Präsenz in der Supervision verschafft. Man könnte auch davon sprechen, dass dies im gelingenden Fall zu dessen *triadischer Rehabilitierung* führt.

Triadische Verletzungen und Verwerfungen in Teams und Organisationen – und die supervisorische Sensibilisierung für trianguläre Standards

Das Dritte kann nun nicht nur episodisch aus dem Blick geraten und relevante Dritte können nicht nur passager ausgeschlossen werden. Dies kann sich in der Praxis von Teams und Organisationen auch habituell verfestigen und verstetigen. Dann ist es sozusagen Usus und kultureller Standard, relevante Dritte kommunikativ auszuschließen und zu isolieren, gegen diese Koalitionen und Ränke zu schmieden, in »ungehörigen« und »perversen Triaden« mikropolitisch zu agieren, das Dritte (die Primäraufgabe) einer Organisation auf dem Schild zu tragen und für »andere« Zwecke zu instrumentalisieren. Problematisch ist dabei weniger, dass »triadische Verletzungen« ob der Komplexität in Organisationen einfach passieren (können), dass sie z. B. Ausdruck einer Überforderung durch die interaktive und kommunikative Komplexität sind (»Wir haben vergessen, X einzubeziehen und Y übergangen …«). Problematisch ist eigentlich erst ein Zustand, der sich etwa in Mobbingdynamiken verdichtet, weil das kulturelle Sensorium für triadische Verletzungen verloren geht oder gar nicht entwickelt worden ist, Kollateraleffekte und -schäden *schamlos* (ohne Scham) ignoriert oder strategisch in Kauf genommen werden. Das kann zu triadischen Verwerfungen und sogar zu Verheerungen führen, die nicht (mehr) als Abweichung wahrgenommen, sondern als Standard normalisiert werden.

Herr Lehmann kennt solche Situationen und Praxen in Teams und Organisationen aus seiner supervisorischen Praxis zur Genüge. So wurde er immer dann damit konfrontiert, wenn ihn Auftraggeber, aber auch Teammitglieder etwa auf »eine besondere Situation im Team vorbereiten«, ihn für die Eigenarten eines Teammitgliedes »sensibilisieren« oder in Leitungsentscheidungen »einweihen« wollten und ihn damit in den Zustand unbotmäßiger Exklusivität von Wissen setzten. Die Verfügung über bzw. die Übernahme von »uneigentlichem Wissen« lähmt aber mehr als sie aufklärt, weil sie Herrn Lehmann als Supervisor zum einen in die innere und kommunikative Spaltung drängt, zum anderen aber auch nicht einfach durch »Veröffentlichung« aufzulösen ist, weil er damit selbst triadische Verletzungen produzieren würde (»Ihre Leiterin hat mir anvertraut, dass ...«).

Dieses zutiefst »triadische Paradoxon«, dass die Veröffentlichung einer triadischen Verletzung ihrerseits zu einer triadischen Verletzung (Bloßstellung) führen würde, lässt sich nur durch Akte gegenkultureller Triangulierung eindämmen und neutralisieren. So hat Herr Lehmann gelernt, solcherart »Wissensangebote« reflexiv und nicht moralisch zurückzuweisen bzw. das entstehende Paradox zu spiegeln (»Wie soll ich Ihrer Meinung nach mit diesem Wissen umgehen?«). Damit kann Supervision einen triangulären Standard ohne missionarischen Eifer setzen und eine triadische Sensibilisierung bewirken – als eine Art triangulierende Kulturarbeit durch Supervision.

4.3 Supervision als »triadischer Raum« und die Thematisierung der beraterischen Triade

Die supervisorische Bearbeitung eines Falls oder Themas, wie wir es eben skizziert haben, bedeutet, dass Supervisor und Supervisandin auf Zeit, im Hier und Jetzt, auf ein Drittes bezogen sind – es wird ad hoc (und in jeder Sitzung immer wieder auf ein Neues) ein »triadischer Raum« in der Supervision eröffnet. Selbst wenn wir unterstellen, dass zwischen den Beteiligten bereits ein Kontrakt geschlossen wurde und ein tragendes und funktionierendes Arbeitsbündnis besteht, muss dieser/dieses von Mal zu Mal immer wieder ratifiziert werden. Im Erleben dürfte dieses immer »Wieder-Aufbauen« des Raumes als Schwellenwahrnehmung, als Vorfreude oder Befürchtung phänomenal entsprechend präsent sein. Mental bedeutet es, sich wieder auf »Etwas« einzustellen und zu fokussieren und die Arbeitsfähigkeit und -bereitschaft herzustellen.

Bei den Beteiligten entsteht im Fall einer gelingenden Sitzung in der Tat so etwas wie ein zeitlich begrenztes Raumgefühl, in dem die Intimität des Augenblickes, die Resonanz der Beziehung, das kognitive Verstehen und Begreifen, der angstreduzierende Schutz vor Entblößung sowie die Generierung neuer Wahrnehmungs- und Handlungsoptionen zusammentreffen (sollten). Dann entsteht ein »*triangulärer Raum*«, in dem erkenntnisgenerierende Beziehungen möglich sind, die die Emergenz auch des spielerisch Neuen und noch Unerprobten, als ein neues Drittes, ermöglichen. Heltzel spricht hier in Anspielung auf Winnicotts »Übergangsraum« von einem »intermediären Spielplatz« zwischen Realität und Fantasie, zwischen innen und außen (Heltzel, 2014, S. 106). Entscheidend ist, dass »[t]riadische Räume […] Zustände angstsarmer Beweglichkeit [unterstützen], in der sich Standpunkte und Positionen lockern und Entwicklung möglich wird. Im entfalteten triadischen Raum dominieren Bewegungsfreiheit, gelassenes Gewahrsein von Ambivalenz und die Erfahrung des Getrenntseins bei gleichzeitiger Verbundenheit« (Obermeyer u. Pühl, 2015, S. 81 f.). Im Fall des Nichtgelingens führt es zu entsprechenden Polarisierungen und Spaltungen im supervisorischen Arbeitsbündnis, zu emotionalen wie kognitiven Blockaden und zu Stagnationen in der Entwicklung, kurz: zu einem Zusammenbruch des triangulären Raumes.

Für die Beteiligten und vor allem für den Supervisor besteht die Herausforderung darin, eine Arbeitsbeziehung zu etablieren, die permanent zwischen einfühlender Empathie, distanzierter Beobachtung und bestätigend-kritischer Resonanzgebung changiert. Das heißt, mit eigenen Nähe- und Distanzierungsgefühlen und -bedürfnissen sowie mit Übertragungen und Gegenübertragungen umzugehen. All dies steht im Dienste des Dritten bzw. dessen Bearbeitung. Insofern ist die Arbeitsbeziehung nicht selbstbezüglich und quasi in sich zurücklaufend, sondern eben auf ein Drittes bezogen: Das Anliegen der Supervisandin bzw. des Supervisanden, das unverdaute Stück Realität, der fremde Teil des eigenen Selbst, die zermürbende kommunikative Verwicklung mit anderen etc. Am Ende ist das Dritte ein anderes, ein transformiertes oder auch transzendiertes Stück Wirklichkeit.

Der Weg dahin ist der einer co-konstruktiven Bearbeitung, in der Wissen und Expertise von beiden Seiten eingebracht, aber auch, und das ist entscheidend, in dem Wissen, Erkenntnis und Einsicht erst generiert und reflexiv erzeugt werden. Im gelingenden Fall entsteht eine »intersubjektiv geteilte gültige Wahrheit« zwischen Supervisor/-in und Supervisand/-in (Gambaroff, 2012, S. 40). Insofern ist das Dritte im wörtlichen Sinne immer auch ein »gemeinsames Drittes«.

> ### Die psychotherapeutische Arbeitsbeziehung als Modell
> Diese triangulierende Bewegung zwischen empathie- und resonanzbasierter Arbeitsbeziehung, in der sich ad hoc eine intersubjektive Beziehung, eine »Gemeinschaft« über ein Drittes herstellt, die aber zugleich die distanzierende Beobachtung dieser »Gemeinschaft« über ein Drittes notwendig macht, beschreibt Jessica Benjamin für die psychotherapeutische Beziehung plastisch in einer Dialektik vom »Dritten in der Gemeinschaft« und der »Gemeinschaft im Dritten«: »Ich behaupte, dass wir das ›Dritte in der Gemeinschaft‹ mit dem Patienten brauchen (denn uns mit ihm eins zu fühlen, wenn das Dritte fehlt, ist gefährlich), ich behaupte aber auch, dass diese Form der Triangulierung ohne ihre Kehrseite, die ›Gemeinschaft im Dritten‹ nicht richtig funktioniert. Damit sich die positiven Aspekte des beobachtenden Dritten entfalten können, müssen wir mit dem Patienten zutiefst identifiziert sein« (Benjamin, 2006, S. 85). Kurz gesagt: Erst beides vermag einen triangulären Raum zu etablieren.

> Für die psychoanalytische Selbstdeutung der therapeutischen Beziehung zwischen Analytiker/-in und Patient/-in war es offenbar ein langer Weg, diese überhaupt *intersubjektiv-dialogisch* und erst recht *triadisch* zu begreifen (Gambaroff, 2012, S. 40).

Die Herausforderung vor allem für den Supervisor besteht darin, diese beiden Seiten des »Dritten in der Gemeinschaft« und der »Gemeinschaft im Dritten« triangulierend immer wieder zu vermitteln und den triangulären Raum immer wieder auf ein Neues aufzuspannen und zu halten. Das geschieht zum einen in der direkten reflexiven Kommunikation zwischen Supervisor und Supervisand/-in – von der Gesprächssteuerung, über Selbstmitteilungen bis zu metareflexiven Kommentaren über den Beratungsprozess selbst. Es geschieht zum anderen aber auch im »Innenraum« des Supervisors, mittels seiner handlungsbegleitenden Kognitionen, in seinen emotionalen und kognitiven Resonanzen auf die Supervisandin/-nen und in Bezug auf das in den Fallgeschichten, in der Fallstruktur aufscheinende triadische Geschehen und die darin Agierenden usw.

4.4 Supervision als »stellvertretende Triangulierung« und Triangulierung höherer Ordnung

Schauen wir so abschließend auf unser Ebenenmodell (siehe Abbildung 17, S. 75), dann kommen die bislang eher analytisch unterschiedenen Triaden – die lebens- und die arbeitsweltliche sowie die beraterische – unter der Ägide des Falls im triadischen Raum der Supervision zusammen. Sie bilden eine »Triadentrias« (Giesecke, 2007, S. 281–283) bzw. eine *Triade höherer Ordnung* (siehe Abbildung 18).[16] Supervision ist so, kurz gesagt: *die Bearbeitung von le-*

---

[16] Die Idee der Verdichtung von Triaden zu einer Triadentrias ist von Kornelia Rappe-Giesecke (2008) in ihrem Konzept der Triadischen Karriereberatung weiter entfaltet worden.

bens-, arbeitsweltlichen und beraterischen Triaden, wie und soweit sie in Fallstrukturen rekonstruierbar sind – also eine Triangulierung höherer Ordnung. Bleiben wir im Bild, so spiegeln sich »aufsteigend« die triadischen Beziehungen der Lebens- in denen der Arbeitswelt bzw. werden dort bearbeitet. Diese wiederum werden in die triadischen Beziehungen der Beratung aufgenommen und gerahmt, schließlich werden sie im Fallmaterial rekonstruiert und reflexiv bearbeitet. Die verstehende, mitunter detektivische Rekonstruktionsarbeit besteht darin, zu analysieren, was sich im sprachlichen oder symbolischen Material des Falls – aufschichtend und überlagernd – der Struktur und Dynamik der Lebens- und Arbeitswelt und/oder den triadischen Beziehungen des beraterischen Kontraktes, Settings und Rahmens jeweils zurechnen lässt.

Um noch einmal unseren Fall zu bemühen: Ist eine besondere affektive Spannung, ein interpretierender Einfall etc. einer Supervisandin in der Supervisionssitzung eine Spiegelung der bzw. eine Resonanz auf die triadischen Beziehungen der Familie Müller oder der Intervention von Frau Schmidt in diese hinein? Oder ist sie eine Spiegelung der triadischen Beziehungen des Teams und der Organisation von Frau Schmidt?

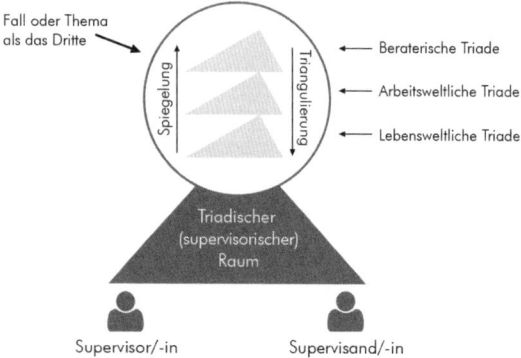

Abbildung 18: Triadischer Raum zur reflexiven Bearbeitung lebens-, arbeits- und beraterischer Triaden

Oder gar eine, die aus der beraterischen Triade selbst herrührt? Da dies dem Fallmaterial nicht auf die Stirn geschrieben ist, will es (erst) verstanden werden.

Das mag wie ein verrückter Tanz in einem selbstbezüglichen triadischen Spiegelkabinett anmuten. Supervision ist aber eher der Versuch, solche Spiegeleffekte reflektierend zu verfolgen und verstehend zu entzerren.

Denkt man in unserem Modell »absteigend« zudem noch an mögliche Wirkungen, dann entspricht Supervision dem Versuch, die Akteure in den lebens- und arbeitsweltlichen Beziehungen triadisch zu stärken und ihre triangulären Kompetenzen zu entwickeln. Im Fall des Gelingens mag eine gut triangulierende Supervisionssitzung, gehalten von einer stabilen wie flexiblen beraterischen Triade, die arbeitsweltlichen Beziehungen der Akteure so zu triangulieren, dass diese wiederum triangulierend in die lebensweltlichen Beziehungen intervenieren, um dort vor Ort die Akteure in ihren triadischen Beziehungen zu stärken.

Das alles *kann* dazu beitragen, dass diese der Komplexität von Leben und Arbeit mit weniger Polarisierung, Spaltung, Abwehr und Zuschreibung, sondern mit mehr Resonanz, Dezentrierungsfähigkeit und Ambivalenztoleranz begegnen. Dass sie in der Lage sind – auch mit mehr Klarheit um eigene Positionen –, Differenzen zu überbrücken und Dissens zu er- und auszutragen. Supervision als »*bescheidene Profession*« kann dies aber immer nur im Stellvertretermodus, als »stellvertretende Triangulierung« bewerkstelligen.

Dies alles stellt wiederum besondere Anforderungen an die »trianguläre Kompetenz« der Supervisorin/des Supervisors, die auch darin besteht, Gefährdungen und Störungen des triadischen Raumes sensibel wahrzunehmen und auszugleichen. So kann die Supervision metareflexiv selbst zum Dritten in der Supervision werden oder, wenn dies in diesem Rahmen nicht mehr möglich und sinnvoll ist, von Kontrollsupervision oder Intervision. Damit würden wir einen weiteren triadischen Raum betreten.

5 Das »innere Dreieck« und die trianguläre Kompetenz von Supervisorinnen und Supervisoren

Die »innere Arbeit« des Supervisors als Voraussetzung und »Begleitmusik« seines professionellen Handelns im supervisorischen Feld ist seit Langem Thema der Supervisionsliteratur (Pühl, 2009; Tietel, 2009; Heltzel, 2007; Obermeyer u. Pühl, 2016). Wir sprechen diesbezüglich von »triangulärer Kompetenz« des Beraters. Worin besteht diese? Im Verlauf der Argumentation sollte schon deutlich geworden sein, dass nicht nur Beratende, sondern alle Menschen für gelingende und balancierte Kooperations- und Aushandlungsprozesse ihrer jeweiligen lebens- und arbeitsweltlichen Praxen trianguläre Kompetenz benötigen.

Und doch gibt es eine Besonderheit für das beraterische Handeln. Wir haben im vorigen Kapitel bereits gesehen, welche Beziehungs- und Interaktionsarbeit der Supervisor leisten muss, um einen »triadischen« respektive »supervisorischen Raum« zur Fallbearbeitung zu etablieren und zu halten. Das Besondere und damit die *primäre Aufgabe* besteht darin, *sowohl* im supervisorischen Raum stellvertretend für andere zu triangulieren *als auch* für die eigene Triangulierung zu sorgen. Supervisorinnen und Supervisoren haben also die doppelte Aufgabe, andere dabei zu unterstützen, trianguläre Kompetenz zu erwerben oder (wieder)herzustellen, *und dabei selbst* triangulierende Dritte in den verschiedenen Settings und Arbeitsbeziehungen ihrer beraterischen Praxis zu sein.

Mit anderen Worten: *Indem* sie in die Position der stellvertretenden Triangulierung gehen, müssen sie sich selbst beständig triangulieren, und das heißt, für die Aufrechterhaltung bzw. Wiedererlangung eines inneren »triangulären Raumes« sorgen. Wir halten es also für

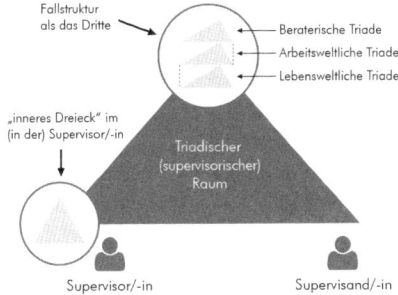

Abbildung 19: Das »innere Dreieck« der Supervisorin/ des Supervisors als Teil des »triadischen Raumes« in der Supervision

sinnvoll, unser bisheriges Modell um diese Perspektive zu vervollständigen. Die linke Ecke des »triadisches Raumes« (siehe Abbildung 17, S. 75) wird an der Position der Supervisorin/des Supervisors um das »innere Dreieck« komplettiert (siehe Abbildung 19). Damit ist es Teil des »triadischen Raumes« in der Supervision und zugleich seine Spiegelung in der Supervisorin bzw. im Supervisor.

Wie ist das »innere Dreieck« strukturiert bzw. was geht in ihm idealtypisch (!) vor? Um dies nachvollziehbar zu beschreiben, »zoomen« wir uns an das »innere Dreieck« heran (siehe Abbildung 20).

Der *rechte Pol dieses inneren Dreiecks* wird markiert durch die konkrete beraterische Arbeit der Supervisorin: Durch die Bewegungen, die sie macht, wenn sie mit den Supervisanden gemeinsam auf das Material schaut, durch ihre Interaktionen in den »triadischen Raum der Supervision«, gerahmt durch das supervisorische Setting und das organisationale Feld. Durch Feedbacks, die sie gibt, die Eindrücke, die sie zur Verfügung stellt usw., wird ihr Tun nach außen triadisch wirksam.

Die *linke Ecke des inneren Dreiecks* bildet in gewisser Weise den »Gegenpol« hierzu. Sie steht für die inneren Resonanzen in der Beraterin: auf die Supervisandinnen, ihre Organisation, auf das Klientel, auf das Fallmaterial, die Dynamik der Fallarbeit, die Konflikte im Team bzw. in der Organisation sowie auf das Agieren der Supervisandin im supervisorischen Raum. Man kann hier von den durch die supervisorische Arbeit evozierten Identifizierungen, Resonanzen und Gegenübertragungen der Beraterin sprechen. Diese werden flankiert von ihren eigenen Übertragungen, die sich aus biografischen Erfahrungen in lebens- und arbeitsweltlichen Kontexten speisen und die ihre Wahrnehmungen, Interpretationen und Handlungen im beraterischen Feld von innen her (mit)produzieren.

Die *Relation zwischen diesen beiden Polen* steht für die Prozessqualität in der Supervisorin, für deren Oszillieren zwischen Resonanz und Empathie. Markiert Resonanz die Bewegung von rechts nach links (die Resonanz des supervisorischen Feldes im psychischen Raum der Supervisorin), so steht Empathie für die Bewegung von links nach rechts, also dafür, wie die inneren Prozesse in der Supervisorin dazu beitragen, das Geschehen im supervisorischen Raum emotional einfühlsam respektive eher erfahrungsbasiert zu verstehen.

Die *Spitze des Dreiecks* nun wird markiert durch die kognitive Anforderung an die Supervisorin, die Dynamik zwischen den »Supervisandinnen *vor* ihr« (rechter Pol) und den »Supervisandinnen *in* ihr« (linker Pol) zu beobachten und darüber zu reflektieren. Man könnte auch sagen: der Pol an der Spitze des Dreiecks repräsentiert das reflexive Selbstgespräch einer Supervisorin.

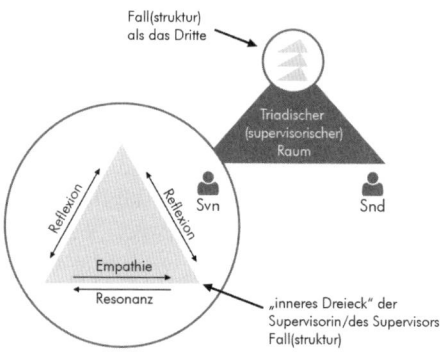

Abbildung 20: Das »innere Dreieck« der Supervisorin/des Supervisors als Teil und Spiegel des »supervisorischen Raumes«. Erläuterung: Svn = Supervisor/-in, Snd = Supervisand/-in

Der Blick von der Spitze zum linken Pol ist die Beobachtung und Reflexion auf die eigenen subjektiven Erlebnisse und Erfahrungen im Beratungsprozess. Die *Relation von der Spitze nach links* steht für die Selbstbeobachtung und Selbststeuerung der Supervisorin. Sie fragt sich beispielsweise, auf was sie gerade resoniert (auf die Lebenswelt, auf die Arbeitswelt oder auf etwas im beraterischen Raum) und was dem aus ihrer eigenen Biografie, ihren eigenen lebens- und arbeitsweltlichen Einbettungen, Ressentiments und Verhaftungen entgegenkommt. So stellt sie z. B. fest, dass sie dazu neigt, sich eher mit der abhängigen Seite zu identifizieren und hinsichtlich von Führungsansprüchen oder Machtpositionen innerlich eher auf Distanz geht. Fragen wie die folgenden können den inneren Reflexionsprozess leiten (vgl. Zimmer-Leinfelder, 2003, S. 47):
- Neige ich eher dazu, mich in meinen ersten, oft gar nicht bewussten Reaktionen mit der »abhängigen« Seite zu identifizieren oder kann ich zu Beginn oft eher die Probleme der »Mächtigen« verstehen?
- Kenne ich meine persönliche Verführungsbereitschaft im Dreieck?
- Gelingt es mir als Supervisor(in) in dem Dreieck eine eigenständige, dritte Position zu entwickeln?
- Bleibe ich »unparteiisch«, obwohl ich situativ Positionen beziehe?

Wenn sie »von oben« auf den rechten Pol schaut, meldet sich ihr professioneller Anspruch als Supervisorin, verbunden mit den unterschiedlichen Aufträgen und Erwartungen an Beratung. Da ist z. B. das implizite Klärungs- und Aufklärungsgebot von Supervision, das zugleich mit einer inneren Zurückhaltung verbunden ist, Dinge zu thematisieren, die bei den Supervisandinnen/Supervisanden Gefühle des (persönlichen wie professionellen) Ungenügens auslösen oder sie in moralische Bedrängnis bringen könnten. Auch bei der Supervisorin kann es zu einem relativen (reflektierten) Verzicht auf Reflexionsmöglichkeiten und zur Unterschreitung ihrer professionellen Ansprüche kommen, wenn die Spielräume ihrer Klientel in ökonomisierten Organisationen eng geworden sind. Die *Relation von der*

Spitze nach rechts repräsentiert also die feld- und fallbezogene Reflexion, die Beobachtung des Geschehens in der Arbeitsbeziehung mit den Supervisandinnen und Supervisanden und im supervisorischen Raum. Fragen wie die folgenden können hier den inneren Reflexionsprozess leiten (Busse, 2008, S. 54 ff.):

- Kollidiert mein professionelles (aufklärerisches) Selbstverständnis als Supervisor/-in mit den momentanen Lernbedürfnissen und -möglichkeiten der Supervisanden? Muss ich sie in ihrer »selbstverschuldeten Unmündigkeit« belassen?
- Wie kann und muss ich das Dilemma zwischen »grenzenloser« und Grenzen sprengender Reflexion auf der einen und begrenztem Handeln und pragmatischem Sich-Einrichten in die Verhältnisse auf der anderen Seite lösen? Was ist hier meine Verantwortung als Supervisor/-in und was nicht?
- Wie bin ich in dieselben Dilemmata wie die Supervisanden – etwa zwischen professionellem Anspruch und ökonomischen Zwängen – verstrickt und gespalten?

Wir haben es hier also mit einem »doppelten Selbstgespräch« an der Spitze des Dreiecks zu tun. Die Reflexion der Beraterin über den Beratungsprozess *und* über sich im Beratungsprozess, die Beobachtungen, Bewertungen, Interpretationen und Theoretisierungen etc. geschehen vom Standpunkt ihres professionellen Wissens und ihrer professionellen Werte aus. Beratende haben Kenntnisse und bestimmte Vorstellungen von lebens- und arbeitsweltlichen Zusammenhängen, von Machtverhältnissen und mikropolitischen Strategien in Organisationen und nicht zuletzt von der Dynamik in Beratungsprozessen und vom verantwortungsvollen Umgang mit Diagnoseverfahren und dem methodischen Interventionsarsenal. Allein schon die eben genannte schlichte Frage: »Auf was resoniere ich in einer Beratungssituation: Auf etwas aus dem lebensweltlichen, arbeitsweltlichen oder beraterischen Raum?« setzt voraus, dass man über diese für arbeitsweltliche Beratungsprozesse zentrale Differenzierung konzeptionell verfügt und damit arbeiten kann. Im »innerem Dreieck« wird so auch auf unterschiedliche Wissensformen zurückgegriffen, die ein Verstehen, basierend auf einem subjektivierten Erfahrungswissen, und ein Verstehen mit einem eher theoretisch-konzeptuell geprägten Wissen ermöglichen.

Das »innere Dreieck« der Supervisorin/des Supervisors kann nun nach allen drei Richtungen hin »zusammenklappen« (sozusagen zu einer Dyade »schrumpfen«):

- Wird die Beraterin zu sehr von der affektiven Dynamik im supervisorischen Raum überwältigt oder verstrickt sie sich zu sehr in den Fall (das Material), in das Team oder mit der Leitung, kann es vorkommen, dass ihr für eine gewisse Zeit die Fähigkeit abhandenkommt, sich reflexiv aus *ihren* Verwicklungen zu befreien und das Geschehen (zwischen den unteren beiden Polen des Dreiecks) mit hinreichender Distanz und Klarheit zu beobachten – sprich: denk- und handlungsfähig zu bleiben. Der obere Pol fällt weg, sie kommt ins Agieren, und das Verstehen reduziert sich auf bloßes Mitschwingen.
- Mangelt es der Beraterin im Kontext einer Beratung an Einfühlung und der Fähigkeit zur Resonanz, fällt der untere linke Pol aus und die Beratung speist sich aus distanzierten Beobachtungen, kognitivem Wissen und beziehungslosen Interpretationen, was zu relativ mechanisch angewandten methodischen Interventionen und zum bloßen Subsumieren von Ereignissen/Erfahrungen unter theoretische Kategorien führen kann. Verstehen ist auf »kaltes« Verstehen reduziert.
- Die dritte Möglichkeit des »inneren Dreiecks«, zu einer Linie zusammenzuklappen, besteht darin, dass die Beraterin den Bezug zu ihren Supervisanden verliert und der innere Dialog zwischen ihren Affekten, Resonanzen, Übertragungen, Gegenübertragungen auf der einen Seite und dem reflexiven »Draufblick« auf ihre inneren Zustände auf der anderen Seite die Oberhand gewinnen. Gefangen im Zirkel der Introspektion verfängt sie sich in eine Art selbstbezügliches Eingeschlossensein, und die Arbeit am Material gerät temporär ins Abseits.

Diese drei möglichen Reduktionen des »inneren Raumes« können die trianguläre Kompetenz der Supervisorin bzw. des Supervisors vorübergehend oder auch durchgängig einschränken. Im Regelfall wird sich jedoch die innere beraterische Bewegung und Beweglichkeit gerade aus einem prozesshaften »Vagabundieren« zwischen den Polen speisen.

Nun müssen wir abschließend noch diese »innere Bewegung« auf die im Fallmaterial sich spiegelnden Ebenen triadischer Wirklichkeiten beziehen. Denn erst so kann sich die stellvertretende Triangulierung in der Supervision realisieren. Dies wollen wir noch einmal am Beispiel unseres Supervisors, Herrn Lehmann, veranschaulichen:

Beginnen wir mit der *lebensweltlichen* Dimension: Zwar kennt Herr Lehmann Frau Müller nicht persönlich, sie und ihr Schicksal sind ihm aber durch die Schilderungen, Inszenierungen und Diskussionen in der Supervisionsgruppe nahegekommen und haben in ihm emotionale Resonanzen erzeugt und Übertragungsgefühle evoziert. Frau Müllers lebensweltliche Kontexte erinnern ihn sowohl an Patchworkaspekte seiner eigenen gegenwärtigen Familie als auch an seine noch nicht lange zurückliegende Arbeit als Psychologe bei einem Kinder- und Jugendhilfeträger. Er ist froh, dass in seinem privaten Leben die Abstimmungen besser funktionieren und alle Beteiligten mit der Situation emotional ganz gut klarkommen. Herr Lehmann resoniert aber nicht allein vor dem Hintergrund seines lebensweltlichen Erfahrungswissens, sondern versteht vor dem Hintergrund seines konzeptuellen Wissens um die besonderen Lebenslagen und Familiendynamiken »solcher« Familien die Situation der Familie Müller. Hier hilft ihm und damit schließlich auch Frau Schmidt der klärende Blick des Supervisors auf die triadischen Verwicklungen der familiären Akteure, und wie es Frau Schmidt als Helferin besser gelingen kann, den »Winkel« zwischen den Akteuren (z. B. Mutter und Großmutter) »zu halten«.

Auf der *arbeitsweltlichen* Ebene kann er sich in die Problematik der Familienhelferin Frau Schmidt gut einfühlen und verstehen, dass es ihr z. B. schwerfällt bzw. unmöglich ist, gleichzeitig mit Frau Müller und René ein funktionierendes Arbeitsbündnis aufzubauen. Er versteht den Ärger manches Teammitglieds über die zuweilen unprofessionelle Arbeitsweise von Frau Schmidt, merkt aber zugleich, dass er sich (zumindest innerlich) schützend vor sie stellt. Hier spürt er eine positive Engagiertheit für Frau Schmidt, die aus seiner Supervisionstätigkeit an der Hochschule rührt, an der Frau Schmidt Studierende war. Es gelingt ihm, dies innerlich gut zu kontrollieren und sich so wieder zu triangulieren. Durch die Fokussierung auf die Primäraufgabe (als das Dritte) gelingt es ihm zudem, die Affekte der Teammitglieder immer wieder zu »zivilisieren«. Die Beteiligten können für die paradoxen und widersprüchlichen organisationalen und institutionellen Aufträge sensibilisiert werden, an denen man (jede und jeder) auch scheitern kann. Das trianguliert das Team und hilft Frau Schmidt, sich in ihrer Arbeit als Familienhelferin besser zu triangulieren.

Auf der *beraterischen Ebene* ist er zufrieden, dass er der Verführung des Teams nicht erlegen ist, dessen Erwartungen an seine Teamleiterin stellvertretend zu thematisieren, sondern den Raum dafür geschaffen hat, diese in die Supervision einzuladen. So konnte doch einiges geklärt werden, auch wenn er es ziemlich anstrengend fand, angesichts der affektiven Entgleisungen und bösen Unterstellungen von Teammitgliedern den Überblick nicht zu verlieren und den »Winkel« zwischen Team und Leiterin »zu halten«. Bei aller Wertschätzung der Führungsqualität der Teamleiterin, die während ihrer Präsenz in der Supervisionssitzung sehr besonnen agierte, schüttelt es ihn doch bei der Erinnerung daran, wie massiv diese ihm bei ihrem letzten Auswertungsgespräch heimliche Aufträge für seine Arbeit mit dem Team mit auf den Weg geben wollte. Er fühlte sich sehr an den manipulativen Führungsstil seines letzten Abteilungsleiters erinnert. Nach mancher Supervisionssitzung beschäftigt ihn, wie schwierig es ist, den Vorwurfsdiskurs einzudämmen, »Gift« aus der Gruppendynamik von Teams zu nehmen und die Teammitglieder wieder zum (Nach-)Denken über die schwierige Arbeit mit ihren Klienten – bzw. überhaupt zur Fokussierung auf ihre Arbeit – zu bringen.

Trotz aller Erfahrung und seines nicht unbeträchtlichen professionellen Wissens ist er immer wieder erstaunt, wie unversehens sich die

Felddynamik im Team reproduziert (spiegelt) und dort Nachdenken und professionelles Handeln be- und verhindert. Er ist froh, dass er durch seine Supervisionsausbildung ein solides theoretisches und methodisches Handwerkszeug besitzt, derartige Fall-, Team- und Organisationsdynamiken zumindest ansatzweise zu verstehen, und dass er bald in seiner Intervisionsgruppe darüber wird sprechen können. »Müsste ich da nicht doch mittlerweile souveräner und klarer sein?«, fragt er sich – womit die *triadische Ebene im Supervisor* angesprochen ist. »Warum lasse ich solche affektiven Dynamiken so weit in mich hinein, dass ich selbst immer wieder drohe, davon überwältigt und partiell handlungsunfähig zu werden«?

Um ihre Verwicklungen in triadischen Konstellationen angemessen reflektieren zu können, müssen sich (auch) Beratende mit ihren eigenen Neigungen und Anfälligkeiten, Verführbarkeiten und Ängsten in Dreiecksverhältnissen auseinandersetzen (Obermeyer u. Pühl, 2016), aber vor allem auch mit den strukturellen Paradoxien, mit denen Beratung in der Arbeitswelt konfrontiert ist. Kontrollsupervision bzw. Intervisions- und Balintgruppen kommen neben der Reflexion von Fall-, Team- und Organisationsdynamiken die Aufgabe zu, den inneren triangulären Raum in der Supervisorin/im Supervisor immer wieder herzustellen; man kann auch sagen: ihre bzw. seine *trianguläre Kompetenz* zu stärken.

Zur triadischen Terminologie

Wir haben den terminologischen Gebrauch der unterschiedlichen »triadischen« Begriffe – wie »triadisch«, »triangulär«, »trianguliert« »Triade«, »triadischer Raum«, »triangulärer Raum«, »Triangulierung«, »inneres Dreieck« – mit Bedacht definitorisch nicht an den Anfang unseres Textes gestellt. Der Schwierigkeit und relativen Unschärfe der Begriffsverwendung haben wir versucht, durch unsere sukzessiv entfaltete Argumentation zu begegnen. Bei der Begriffsverwendung konkurrieren immer Exaktheit und handhabbarer Gebrauch, Spitzfindigkeit und terminologische Nachlässigkeit

(Grieser, 2015, S. 11). Zusammenfassend haben wir uns auf folgende Begriffsverwendung verständigt:
1. Von »triadisch«, »Triade«, »triadischem Raum« ist immer dann die Rede, wenn die realen, tendenziell beobachtbaren Dreiecksbeziehungen zwischen dreien (bzw. zwischen mindestens zweien und einem Dritten im Sinne von »das Dritte«) im Fokus stehen. Es geht um triadische Konstellationen.
2. Von »triangulär« sprechen wir, wenn wir die Qualität respektive den Zustand der »triadischen Beziehungen« im Auge haben, die dementsprechend »trianguliert« und »nicht trianguliert« sein können.
3. Da »Triangulierung« so nur durch das Zutun der Akteure, quasi als deren regulierende Leistung zustande kommt, kann ein »triadischer« zu einem »triangulären« (triangulierten) Raum werden. Dabei ist es zunächst zweitrangig, ob dieser real zwischen Akteuren (etwa zwischen Supervisorin und Supervisand mit Bezug auf den Fall) oder im Akteur (als »inneres Dreieck« in der Supervisorin) existiert.

Wir können hier noch einmal sehen, was die trianguläre Kompetenz der Supervisorin ausmacht: Sie besteht in der *Fähigkeit, ein »inneres Dreieck« als Spiegel, als Teil und zugleich als Voraussetzung des »supervisorischen Raumes«* zu etablieren. Das bedeutet, das relevante Dritte und die relevanten Dritten in den lebens- und arbeitsweltlichen Bezügen, aber auch im beraterischen Kontext nicht aus dem Auge zu verlieren und immer wieder in den Supervisionsprozess einzubringen – hier triangulierend und stellvertretend triangulierend wirksam zu werden. Und das wird um so eher möglich, als es den Supervisorinnen und Supervisoren gelingt, die Spannung, die durch die widerstreitenden und zuweilen unvereinbaren Perspektiven und Interessen aufgespannt ist, aufzunehmen und ein Stück weit auszuhalten. So können sie zumindest *in sich* die bestehenden Spaltungs- und Ausschließungstendenzen in eine produktive Spannung, in eine prozessierende Ambivalenz verwandeln, die ihnen *eine gewisse Be-*

weglichkeit nach allen Seiten erhält. Damit werden sie für die Supervisandinnen und Supervisanden zu einem »Modell« für gelingende Triangulierung.[17]

---

17 Wir haben in diesem Kapitel, ausgehend vom triadischen supervisorischen Raum, das »innere Dreieck« der Supervisorin bzw. des Supervisors aufgefächert und ihre/seine trianguläre Kompetenz beschrieben. Analog hierzu könnte man nun in einem nächsten Schritt das »innere Dreieck« der Supervisandinnen und Supervisanden – also die rechte untere Ecke des triadischen supervisorischen Raums (siehe Abbildung 19 und 20) auffächern, um die Ausbildung, Sicherung oder Wiederherstellung von deren triangulärer Kompetenz im Kontext von Supervision zu beschreiben. Dies können wir getrost Ihnen überlassen, die Sie durch die Lektüre dieses Buches dafür, wie wir hoffen, gut gewappnet sind.

6 Kurzer Epilog: Triangulierung als Erkenntnis und Ethos

Würde man das, was wir in diesem Buch sagen wollen, zu einer Maxime verdichten, so könnte diese lauten: »Denke triadisch, handle triangulär!« Darin sind zwei Unterstellungen und Aufforderungen enthalten:

Zum einen gehen wir davon aus, wie das der Titel des Buches ja verkündet, dass man »mit dem Dritten besser *sieht*«. Wenn man so will, verweist das vor allem auf die *erkenntnisgenerierende (epistemische) Funktion* triadischen Denkens. Sie kann in der Beratung ihren Mehrwert entfalten, wenn die komplexitätsreduzierende wie -erweiternde triadische Brille auf lebens-, arbeitsweltliche wie beraterische Interaktionen gerichtet und genutzt wird. Genau genommen, handelt es sich dabei um nicht mehr als einen »Blick«, der an das Geschehen von außen herangetragen wird. Dies zu unterstreichen ist wichtig, da wir bis hierhin nicht nur behauptet, sondern auch beschrieben haben, dass man damit »besser« sieht, wenn bei Weitem auch nicht alles!

Ein zweiter Aspekt geht an dieser Stelle jedoch wesentlich weiter: Er unterstellt, dass das »Trianguläre« gesellschaftlichem und sozialem Handeln als ein Telos immanent bzw. als eine oft stumme, aber umso wirkmächtigere Normativität eingelassen ist. Als eine Art »triadischer Ethos« ist es zumindest eine regulative Idee in den menschlichen Verkehrsformen, der spätestens dann virulent wird, wenn er verletzt ist. Insofern handelt es sich hier nicht um eine utopische Überforderung der oder Zumutung an die Wirklichkeit, wenn wir von »triangulierten« Zuständen oder Verhältnissen sprechen und wenn wir unterstellen, dass diese mit Werten wie Balance, Ausgleich, Partizipation,

Transparenz, Achtsamkeit, Ambivalenztoleranz, Anerkennung, Respekt usw. verbunden sind. Es handelt sich auch nicht um eine naive Kommentierung alltäglicher Lebens- und Arbeitspraxis, die empirisch gesehen dieses Ideal eher zu unterlaufen scheint als einzulösen vermag. Denn die faktische Verletzung ethischer Imperative kann nie ein Argument gegen diese sein!

So können wir, wenn wir als Beratende und erst recht als Supervisorinnen und Supervisoren mit unseren Angeboten auf die Wirklichkeit treffen, davon ausgehen, dass ein Gutteil der Beratungsanliegen *nicht* triangulierten Situationen und Konstellationen entspringen. Hier einen Maßstab für gute und mehr noch für wirksame Beratung zu haben, ist ein Gewinn, den wir mit triadischem Denken und triangulärem Handeln als einer professionellen Maxime verbinden.

Literatur

Abelin, E. L. (1971). The Role of the Father in the Separation-Individuation Process. In J. B. McDevitt, C. F. Settlage (Eds.), Separation-Individuation (pp. 229–252). New York: International Universities Press.

Bauer, R. (2001). Personenbezogene Soziale Dienstleistungen: Begriff, Qualität und Zukunft. Wiesbaden: Westdeutscher Verlag.

Bauriedl, T. (1994). Auch ohne Couch. Psychoanalyse als Beziehungstheorie und ihre Anwendungen. Stuttgart: Verlag Internationale Psychoanalyse.

Bauriedl, T. (1998). Die Triangularität menschlicher Beziehungen und der Fortschrittsglaube in der psychoanalytischen Entwicklungstheorie. In D. Bürgin (Hrsg.), Triangulierung: der Übergang zur Elternschaft (S. 123–140). Stuttgart u. New York: Schattauer.

Beck, U., Bonß, W., Lau, C. (2004). Entgrenzung erzwingt Entscheidung: Was ist neu an der Theorie reflexiver Modernisierung? In U. Beck, C. Lau (Hrsg.), Entgrenzung und Entscheidung. Was ist neu an der Theorie reflexiver Modernisierung? (S. 13–62). Frankfurt a. M.: Suhrkamp.

Becke, G., Bleses, P. (Hrsg.) (2015). Interaktion und Koordination. Das Feld sozialer Dienstleistungen. Wiesbaden: Springer.

Bedorf, T., Fischer, J., Lindemann, G. (Hrsg.) (2010). Theorien des Dritten. Innovationen in Soziologie und Sozialphilosophie. München: Fink.

Belardi, N. (1994). Zur geschichtlichen Entwicklung: Von der Supervision zur Organisationsberatung. In H. Pühl (Hrsg.), Handbuch der Supervision 2 (S. 335–343). Berlin: Edition Marhold.

Benjamin, J. (2006). Tue ich oder wird mir angetan? Ein intersubjektives Triangulierungskonzept. In M. Altmeyer, H. Thomä (Hrsg.), Die vernetzte Seele. Die intersubjektive Wende in der Psychoanalyse (S. 65–107). Stuttgart: Klett-Cotta.

Bergmann, J. (1987). Klatsch. Zur Sozialform der diskreten Indiskretion. Berlin u. New York: de Gruyter.

BMFSFJ (Bundesministerium für Familie, Senioren, Frauen und Jugend) (Hrsg.) (2014). Stief- und Patchworkfamilien in Deutschland (Monitor Familienforschung. Beiträge aus Forschung, Statistik und Familienpolitik). Berlin.

Böhle, F., Glaser, J. (Hrsg.) (2006). Arbeit in der Interaktion – Interaktion als Arbeit. Arbeitsorganisation und Interaktionsarbeit in der Dienstleistung. Wiesbaden: VS.

Bosch, M. (1983). Strukturell- und entwicklungsorientierte Familientherapie innerhalb der humanistischen Psychotherapie. In K. Schneider (Hrsg.), Familientherapie in der Sicht psychotherapeutischer Schulen. Paderborn: Junfermann.

Britton, R. (1989). The missing link: parental sexuality in the Oedipus complex. In J. Steiner (Ed.), The Oedipus Complex Today (pp. 83–101). London: Karnac Books.

Buchholz, M. B. (1990). Die Rotation der Triade. Forum der Psychoanalyse, 6, 116–134.

Buchholz, M. B. (1993). Dreiecksgeschichten. Eine klinische Theorie psychoanalytischer Familientherapie. Göttingen u. Zürich: Vandenhoeck & Ruprecht.

Buchinger, K. (1997). Supervision in Organisationen. Heidelberg: Carl-Auer.

Busse, S. (2008). Supervision – über die Verhältnisse reflektieren und in ihnen handeln. Forum Kritische Psychologie, 52, 52–70.

Busse, S. (2010). Zur Pragmatik beraterischen Handelns in Supervision und Coaching. In S. Busse, S. Ehmer (Hrsg.), Wissen wir, was wir tun? Beraterisches Handeln in Supervision und Coaching (Interdisziplinäre Beratungsforschung, Bd. 3., S. 55–104). Göttingen: Vandenhoeck & Ruprecht.

Busse, S. (2015). Coaching als Dienstleistung? Stolpersteine beim Verständnis einer professionalisierungsbedürftigen Beratungsleistung. Eine Replik auf den Beitrag von Wolfgang Looss. Positionen – Beiträge zur Beratung in der Arbeitswelt, 3, 2–8.

Busse, S., Ehmer, S. (Hrsg.) (2010). Wissen wir, was wir tun? Beraterisches Handeln in Supervision und Coaching (Interdisziplinäre Beratungsforschung, Bd. 3). Göttingen: Vandenhoeck & Ruprecht.

Caplow, T. (1968). Two against one. Coalitions in Triads. Englewood Cliffs, NJ: Prentice Hall.

Esslinger, E., Schlechtriemen, T., Schweitzer, D., Zons, A. (Hrsg.) (2010). Die Figur des Dritten. Ein kulturwissenschaftliches Paradigma. Berlin: Suhrkamp.

Evers, A., Ewert, B. (2010). Hybride Organisationen im Bereich sozialer Dienste. Ein Konzept, sein Hintergrund und seine Implikationen. In T. Klatetzki (Hrsg.), Soziale personenbezogene Dienstleistungsorganisationen. Soziologische Perspektiven (S. 103–129). Wiesbaden: VS.

Fonagy, P. (1998). Die Bedeutung der Dyade und Triade für das wachsende Verständnis seelischer Zustände: Klinische Evidenz aus der psychoanalytischen Behandlung von Borderline-Persönlichkeitsstörungen. In D. Bürgin (Hrsg.), Triangulierung: der Übergang zur Elternschaft (S. 141–161). Stuttgart u. New York: Schattauer.

Fonagy, P., Gergely, G., Jurist, E. L., Target, M. (2015). Affektregulierung, Mentalisierung und die Entwicklung des Selbst. Stuttgart: Klett-Cotta.

Freud, S. (1923/1987). Das Ich und das Es. GW XIII (S. 237–289). Frankfurt a. M.: Fischer.

Fürstenau, P. (1970). Institutionsberatung. Gruppendynamik, 3, 219–233.

Gambaroff, M. (2012). Zur Dynamik der Intersubjektivität im Supervisionsprozess. In W. Weigand (Hrsg.), Philosophie und Handwerk der Supervision (S. 40–53). Gießen: Psychosozial-Verlag.

Giesecke, M. (2007). Die Entdeckung der kommunikativen Welt. Studien zur kulturvergleichenden Mediengeschichte. Frankfurt a. M.: Suhrkamp.

Giesecke, M. (2008). Triadisches Denken und posttypographische Erkenntnistheorie. In T. Meyer, M. Scheibel, S. Münte-Goussar, T. Meisel, J. Schawe (Hrsg.), Bildung im Neuen Medium (S. 62–77). Münster u. a.: Waxmann.

Gotthardt-Lorenz, A. (1994). Organisationssupervision. Rollen und Interventionen. In H. Pühl (Hrsg.), Handbuch der Supervision 2 (S. 297–313). Berlin: Edition Marhold.

Grieser, J. (2015). Triangulierung. Gießen: Psychosozial-Verlag.

Gschosmann, A. (2017). Das Unbehagen mit dem Dreieckskontrakt. Supervision, 2, 27–36.

Haley, J. (1980). Ansätze zu einer Theorie pathologischer Systeme. In P. Watzlawick, J. H. Weakland (Hrsg.), Interaktion (S. 61–83). Bern u. a.: Huber.

Haubl, R. (2005). Mikropolitik für gruppenanalytische Supervisoren und Organisationsberater. In R. Haubl, R. Heltzel, M. Barthel-Rösing (Hrsg.), Gruppenanalytische Supervision und Organisationsberatung (S. 53–78). Gießen: Psychosozial-Verlag.

Heltzel, R. (2007). Supervision und Beratung in der Psychiatrie. Bonn: Psychiatrie Verlag.

Heltzel, R. (2014). Die Gestaltung des Beziehungsraumes in der Beratung. In R. Heltzel, W. Weigand, Im Dickicht der Organisation. Komplexe Beratungsaufträge verändern die Beraterrolle (2. Aufl., S. 80–116). Göttingen: Vandenhoeck & Ruprecht.

Hessisches Kultusministerium (2013). Begegnung auf Augenhöhe – Schulbegleitende Gespräche zu dritt. Wiesbaden.

Hüttig-Rieck, S. (2017). Supervision und Coaching auf unterschiedlichen Ebenen der Organisation. In H. Pühl (Hrsg.), Handbuch der Supervision 3. Grundlagen, Praxis, Perspektiven (S. 112–116). Berlin: Leutner.

Kaldenkerken, C. v. (2014a). Supervision und Intervision in der Mediation. Frankfurt a. M.: Metzner.

Kaldenkerken, C. v. (2014b). Wissen was wirkt. Modelle und Praxis pragmatisch-systemischer Supervision. Hamburg: tredition.

Kallabis, O. (1992). Gestaltung von Dreieckskontrakten – eine Kontraktierung zwischen drei Interessenvertretern. Supervision, 22, 14–29.

Kerr, M. E., Bowen, M. (1988). Family Evaluations. New York u. London: Norton.

Klein, M. (1928/1991). Frühstadien des Ödipuskomplexes. Frühe Schriften 1928–1945. Frankfurt a. M.: Fischer.

Klitzing, K. v., Stadelmann, S. (2011). Das Kind in der triadischen Beziehungswelt. Psyche, 65 (9/10), 953–972.

Kühl, S. (2008). Coaching und Supervision. Zur personenorientierten Beratung in Organisationen. Wiesbaden: VS.

Kunkel, P.-C. (2008). Leistungserbringer in der Jugendhilfe – im sozialrechtlichen Dreiecksverhältnis oder im Bermudadreieck? Kehl: Hochschule für Öffentliche Verwaltung (Diskussionspapier Nr. 2008–02).

Leuschner, G. (2007). Supervision – eine Kunst der Beziehung. Supervision, 2, 14–22.

Mead, G. H. (1973). Geist, Identität und Gesellschaft aus der Sicht des Sozialbehaviorismus. Frankfurt a. M.: Suhrkamp.

Mertens, W. (2000). Ödipuskomplex. In W. Mertens, B. Waldvogel (Hrsg.), Handbuch psychoanalytischer Grundbegriffe (S. 514–522). Stuttgart u. a.: Kohlhammer.

Minuchin, S., Rosman, B. L., Baker, L. (1991). Psychosomatische Krankheiten in der Familie. Stuttgart: Klett-Cotta.

Möller, H. (2000). Merkmale »guter Supervision«. Schlussfolgernde Gedanken zu den Ergebnissen eines Forschungsprojekts. Freie Assoziation, 2 (3), S. 265–287.

Müller-Pozzi, H. (1995). Psychoanalytisches Denken. Eine Einführung. Bern u. a.: Huber.

Neuberger, O. (2002). Führen und führen lassen. Ansätze, Ergebnisse und Kritik der Führungsforschung. Stuttgart: Lucius & Lucius.

Obermeyer, K., Pühl, H. (2015). Teamcoaching und Teamsupervision. Praxis der Teamentwicklung in Organisationen. Göttingen: Vandenhoeck & Ruprecht.

Obermeyer, K., Pühl, H. (Hrsg.) (2016). Die innere Arbeit des Beraters. Organisationsberatung zwischen Befangenheit und Bewegungsfreiheit. Gießen: Psychosozial-Verlag.

Oevermann, U. (2009). Die Problematik der Strukturlogik des Arbeitsbündnisses und der Dynamik von Übertragung und Gegenübertragung in einer professionalisierten Praxis von Sozialarbeit. In R. Becker-Lenz, S. Busse, G. Ehlert, S. Müller (Hrsg.), Professionalität in der Sozialen Arbeit. Standpunkte, Kontroversen, Perspektiven (S. 113–142). Wiesbaden: VS.

Ogden, T. H. (2006). Das analytische Dritte, das intersubjektive Subjekt der Analyse und das Konzept der projektiven Identifizierung. In M. Altmeyer, H. Thomä (Hrsg.), Die vernetzte Seele. Die intersubjektive Wende in der Psychoanalyse (S. 35–64). Stuttgart: Klett-Cotta.

Pühl, H. (1996). Supervisionsbeginn, Nachfrageanalyse und institutionelle Triangulierung. In H. Pühl (Hrsg.), Supervision in Institutionen (S. 21–47). Frankfurt a. M: Fischer.

Pühl, H. (1997). Von der Gruppenmatrix zur Institutionsmatrix. In I. Eisenbach-Stangl, M. Ertl (Hrsg.), Unbewußtes in Organisationen. Zur Psychoanalyse von sozialen Systemen (S. 39–53). Wien: Facultas-Universitätsverlag.

Pühl, H. (2009). Team-Supervision und Teamarbeit. In H. Pühl (Hrsg.), Handbuch Supervision und Organisationsentwicklung (S. 161–193). Wiesbaden: VS.

Pühl, H. (2012). Was Supervision auszeichnet. In H. Pühl (Hrsg.), Handbuch der Supervision 3 (S. 12–24). Berlin: Leutner.

Rappe-Giesecke, K. (2008). Triadische Karriereberatung. Bergisch-Gladbach: EHP.

Rice, A. K. (1973). Führung und Gruppe. Stuttgart: Klett.

Rohde-Dachser, C. (1987). Ausformungen der ödipalen Dreieckskonstellation bei narzißtischen und bei Borderline-Störungen. Psyche, 41, 773–799.

Rotmann, M. (1978). Über die Bedeutung des Vaters in der »Wiederannäherungs-Phase«. Psyche, 32 (12), 1105–1147.

Satir, V. (1973). Familienbehandlung. Kommunikation und Beziehung in Theorie, Erleben und Therapie. Freiburg: Lambertus.

Satir, V. (2002). Selbstwert und Kommunikation. Familientherapie für Berater und zur Selbsthilfe. Stuttgart: Pfeiffer bei Klett-Cotta.

Schorn, A., Wilting, K. (2008). Kindeswohlgefährdung – Aspekte einer besonderen Dynamik in Supervisionsprozessen. Supervision, 1, 46–50.

Selvini-Palazzoli, M., Cirillo, S., D'Ettorre, L., Garbellini, M., Ghezzi, D., Lerma, M., Lucchini, M., Martino, C., Mazzoni, G., Mazzucchelli, F., Nichele, M. (1978). Der entzauberte Magier. Zur paradoxen Situation des Schulpsychologen. Stuttgart: Klett-Cotta.

Simmel, G. (1908/1992). Schriften zur Soziologie. Frankfurt a. M.: Suhrkamp.

Sofsky, W., Paris, R. (1994). Figurationen sozialer Macht. Autorität, Stellvertretung, Koalition. Frankfurt a. M.: Suhrkamp.

Tietel, E. (2003). Emotion und Anerkennung in Organisationen. Wege zu einer triangulären Organisationskultur. Münster u. a.: Lit.

Tietel, E. (2006). Die interpersonelle und die strukturelle Dimension der Triade. In J. Rieforth (Hrsg.), Triadisches Verstehen in sozialen Systemen (S. 61–85). Heidelberg: Carl-Auer.

Tietel, E. (2009). Wenn der/das Dritte aus dem Blick gerät. Die Fallstricke beruflicher Dreiecksverhältnisse im Fokus der Supervision. In H. Pühl (Hrsg.), Handbuch der Supervision 3 (S. 141–147). Berlin: Leutner.

Weibler, J. (2009). Führung der Mitarbeiter durch den nächsthöheren Vorgesetzten. In L. v. Rosenstiel, E. Regnet, M. Domsch (Hrsg.), Führung von Mitarbeitern. Handbuch für erfolgreiches Personalmanagement (S. 315–328). Stuttgart: Schäffer-Poeschel.

Weigand, W. (1982). Supervision für eine institutionelle Alternative. Supervision, 2, 38–55.

Weigand, W. (1987). Supervision als Innovationsinstrument sozialer Arbeit. In B. Maelicke (Hrsg.), Soziale Arbeit als soziale Innovation. Veränderungsbedarf und Innovationsstrategien (S. 151–164). Weinheim u. München: Juventa.

Wellendorf, F. (1996). Überlegungen zum »Unbewussten« in Institutionen. In H. Pühl (Hrsg.) Supervision in Institutionen (S. 173–186). Frankfurt a. M.: Fischer.

Wellendorf, F. (2000). Supervision als Institutionsanalyse und zur Nachfrageanalyse. In H. Pühl (Hrsg.), Handbuch der Supervision 2 (S. 26–36). Berlin: Edition Marhold.

Zimmer-Leinfelder, I. (2003). Ich sei, erlaubt mir die Bitte, in Eurem Bunde die Dritte. Gedanken zum Dreieckskontrakt in der Supervision. Forum Supervision, 21, 43–53.